Scènes gourmandes

ŒUVRES PRINCIPALES

Romans et nouvelles
La Mare au diable
François le Champi
La Petite Fadette
Indiana
Lélia
Leone Leoni
Consuelo
Le Compagnon du tour de France
Les Beaux Messieurs de Bois-Doré
Spiridion
La Daniella
L'Uscoque
Mauprat

Contes pour enfants
Contes d'une grand-mère

Essais
Lettres à Marcie
Essai sur le drame fantastique
Lettres au peuple
Aux riches
Mœurs et coutumes du Berry
Pourquoi des femmes à l'Académie ?

Œuvres autobiographiques
Un hiver à Majorque
Histoire de ma vie
Elle et lui
Le Théâtre des marionnettes de Nohant
Lettres d'un voyageur, journaux intimes...

George Sand

Scènes gourmandes

Repas et recettes du Berry

Textes choisis et présentés
par Béatrice Didier

Librio

Texte intégral

© E.J.L., 1999 pour l'introduction et la présente édition

Introduction

George Sand a passé la plus grande partie de son enfance à Nohant dans le Berry, chez sa grand-mère qui y possédait un petit château que l'on peut encore visiter et qui est resté presque intact. Il s'agit d'une demeure de proportions très raisonnables où George Sand aima revenir à mainte reprise au cours de son existence qui se partageait entre Paris et Nohant. Dès ses premières années, sa vie est rythmée par cette alternance. Quand, plus tard, mal mariée, elle essaie de trouver un *modus vivendi* avec son mari, c'est aussi sur cette alternance que s'établit un accord momentané. Lorsqu'elle a acquis sa liberté, elle continue par goût, pour les nécessités de son travail à se partager entre Paris et Nohant. Chaque fois que sa vie est ébranlée par des orages profonds, elle revient dans sa demeure campagnarde, reprendre force, tel dans le mythe antique, Antée qui avait besoin de toucher terre pour reprendre sa vigueur.

Nohant apparaît comme un havre de tranquillité, favorable à l'écriture, à la vie familiale et à l'amitié. Le touriste qui visite Nohant peut voir la table mise et les places qu'occupèrent les hôtes les plus prestigieux : Flaubert, Tourgueniev. Auparavant étaient venus aussi Balzac, Chopin, Liszt et tant d'autres. Cette table accueillante de Nohant fut le lieu de ralliement du romantisme. Cependant George Sand, qui aimait la solitude et le travail, acquit non loin de Nohant, à Gargilesse, une petite maison de village où elle aimait se retirer, et où, privée de sa domesticité habituelle, elle mettait volontiers la main à la pâte. Elle se promenait aux alentours dans son cher Berry, y observait les coutumes, les rites alimentaires, notait les recettes. George Sand vécut de plus en plus à Nohant, ne faisant à Paris que de brefs séjours, pour revoir quelques amis au dîner Magny ou pour surveiller les répétitions de ses pièces de théâtre. À la fin de sa vie, elle ne quitte plus Nohant ; son hospitalité, sa puissance de travail n'ont en rien décru ; de sa demeure berrichonne elle écrit aussi tant de lettres, véritables chefs-d'œuvre, en particulier ses lettres à Flaubert. Nohant constitue donc un lieu capital pour la création chez George Sand, fortement implantée dans le Berry.

L'*Histoire de ma vie*, son autobiographie, évoque l'importance du Berry pour George Sand. Elle nous permet de lire des descriptions, par exemple des environs de La Châtre, de ses « ravines charmantes » et des « accidents pittoresques » du paysage. Elle « aime passionnément l'hiver à la campagne ». Écologiste avant l'heure, elle apprécie la pureté de l'air par contraste avec la pollution de la ville : « Dans les grandes villes de nos climats, cette affreuse boue puante et glacée ne sèche presque jamais. Aux champs, un rayon de soleil ou quelques heures de vent rendent l'air sain et la terre propre. » L'hiver à Nohant n'est pas synonyme de mort : George Sand évoque ces fleurs de l'hiver : « La primevère, la violette et la rose de Bengale rient sous la neige. (...) Si le rossignol est absent, combien d'oiseaux de passage, hôtes bruyants et superbes viennent s'abattre ou se reposer sur le faîte des grands arbres ou sur le bord des eaux ! »

Pour ce qui est de la population, elle est parfois sévère pour le Berrichon ; elle reproche à La Châtre « son affreuse malpropreté » mais pour conclure : « J'ai décrit La Châtre, je l'ai sermonnée, parce qu'au fond je l'aime. » Nohant, lorsque les rires et le bruit des amis se dissipent, lui semble « imprégnée de mélancolie ; on y éprouve une espèce de langueur qui tient au climat et au caractère des hommes et des choses environnantes. Le Berrichon est lourd. » L'alcoolisme qui sévit dans la campagne est « une fatalité de ce tempérament mélancolique et flegmatique ». Mais là encore, une vue lucide et critique s'accompagne de sympathie : elle aime bien davantage les paysans que ne le fait Balzac, par exemple. Peut-être parce qu'elle a davantage vécu avec eux. À plusieurs reprises, elle a recueilli et élevé des « champis », c'est-à-dire des enfants abandonnés dans les champs. Elle a su comprendre les difficultés matérielles, la misère, l'endettement des paysans. Mais elle a senti aussi la richesse de leur culture, de leur folklore, elle a participé dès l'enfance à leur fascination pour les histoires fantastiques : « À l'époque où je passais une bonne moitié de ma vie avec les pastours, je confesse que leur terreur m'avait gagnée et que sans croire précisément au follet, aux revenants et à *Georgeon*, le diable de la vallée Noire, j'avais l'imagination vivement impressionnée par ces fantômes. » Elle écoute, jusqu'à en perdre le sommeil, les récits du chanvreur et du sacristain qui attribuent aux rats du cimetière de « mystérieuses sorcelleries ». On retrouvera les récits du chanvreur dans les romans de George Sand.

Sa création littéraire se fait à partir de la réalité campagnarde qui n'exclut pas une dimension de mystère. Comme beaucoup de romantiques, George Sand découvre et fait découvrir à ses lecteurs la richesse des cultures populaires. Elle comprend que la culture, ce n'est pas les chansons et les contes, c'est aussi l'habillement, la table, les recettes de cuisine. Lectrice de Michelet, et de ce qu'on pourrait appeler la « nouvelle histoire » au XIXe siècle, elle est persuadée, comme elle l'écrit dans *Histoire de ma vie*, que « tout est histoire », aussi bien la qualité d'un tissu que la fabrication d'un mets. À son expérience directe des plaisirs de la table, vient donc s'ajouter une curiosité de folkloriste, d'ethnologue et d'historienne.

Enfin, elle est avant tout romancière, une romancière qui est fortement ancrée dans la réalité, qui suit avec intérêt le développement du réalisme à son époque ; elle est liée avec Balzac, avec Champfleury, avec Flaubert ; elle sait comment la présence de la nourriture dans le roman crée un « effet de réel », comment aussi les rencontres dans les auberges, les retrouvailles autour d'une table amie peuvent constituer des temps forts du récit. Ce qui ne l'empêche pas de continuer à aimer le fantastique. D'ailleurs réalisme et fantastique ne font-ils pas bon ménage chez un Maupassant ? Le Berry, si fortement attaché à la terre et aux plaisirs du manger et du boire, n'a pas coupé ces racines avec le monde des « fadettes », des fées et des enchantements ; mais dans le monde surnaturel aussi on mange.

On ne saurait faire une anthologie systématique de tous les passages où George Sand évoque les recettes, les repas de son cher Berry ; nous ne présentons ici que quelques extraits significatifs pour lesquels nous avons adopté un regroupement qui nous semble correspondre à la variété des possibilités qu'offre l'évocation de la nourriture aussi bien dans des textes autobiographiques que romanesques.

Il y a d'abord des textes où George Sand nous livre d'excellentes recettes. À Gargilesse, elle fabrique des omelettes aux écrevisses, « manger digne des grands gourmets », encore faut-il ne pas se tromper dans les différentes phases de la cuisson qu'elle indique très précisément. Marie, sa cuisinière habituelle, ne la rejoint que lorsque l'opération est terminée et réussie. Elle nous donne ses menus : « soupe maigre, omelette, deux petites vandaises, fromentée, café ». Elle aime aussi les pique-niques et préfère emporter son manger plutôt que d'attendre dans une auberge : « On trouve partout à manger maintenant dans notre Berry ; mais on n'y est pas encore très vif. » La Creuse apparaît comme un « pays de Cocagne » où volailles, cochons et poissons abondent et où les chaumières sont propres. Elle part en exploration le long de la Creuse, avec son fils Maurice, avec Manceau, son compagnon, avec quelques amis. On emporte une « poêle à frire » qui permettra de déjeuner quand on aura faim. Et puis : « On peut manger des goires, gâteau au fromage de la localité. C'est étouffant ; mais quand on a faim... »

Arrivée de Paris, l'héroïne du *Meunier d'Angibault*, Mme de Blanchemont, découvre les délices de la cuisine berrichonne qui lui est servie par la mère du meunier : la « fromentée » qui est un potage très épais à base de froment, longtemps bouilli dans du lait ; ou encore le « gâteau de poire à la crème poivrée », sorte de tarte aux poires à laquelle on adjoint, quand elle est encore tiède, une bonne dose de crème fraîche, et que l'on peut relever d'une pincée de poivre et même d'un peu d'eau-de-vie. Les salades se font à l'huile de noix « bouillante », et c'est un délice. Les truites de la Vauvre sont d'une fraîcheur que ne connaissait pas la Parisienne. Et le fromage de chèvre, et les fruits fraîchement cueillis sur l'arbre... quelles délices. De quoi mettre l'eau à la bouche au lecteur.

La Mare au diable, le roman peut-être le plus connu de George Sand, ne devrait pas être lu simplement comme une charmante idylle : plus intéressante serait une lecture qui montrerait comment la romancière s'est faite ethnologue, recueillant précieusement des coutumes sur le point de disparaître, à un moment où la France est encore largement agricole mais où l'industrialisation ne tardera pas à pénétrer. Elle adjoint au récit proprement dit, en appendice, une série de textes qui relèvent davantage de l'observation d'un ethnologue, en particulier quand elle évoque les rites du mariage, où le repas tient une grande place, et cette coutume étrange du « chou ».

Le repas, la qualité des mets servent de révélateur : révélateur d'une situation économique, culturelle, d'une époque aussi. Les effroyables seigneurs de *Mauprat* ont conservé les mœurs médiévales où les ripailles sont prétexte à débauche, où l'on corrompt et asservit le paysan par l'ivresse. Dans le premier de ses romans berrichons, *Valentine*, l'héroïne ne veut pas que l'on envoie manger Bénédict à la cuisine avec les domestiques ; il participera donc à un repas aristocratique qui évoque ceux du XVIIIe siècle galant. Dans *Nanon*, George Sand donne une grande fresque de la Révolution française dans les campagnes du centre de la France, et les repas y tiennent aussi une bonne place, révélateurs de différences politiques et sociales. En 1787, la nourriture dans les campagnes est à base de châtaignes, la petite paysanne apprend à faire la soupe avec des légumes tirés de son jardin ; peu de possibilités de varier les menus, sinon, dans une faible mesure, grâce aux marchés où s'échangent châtaignes contre froment, où l'on peut acheter du sel, et où circulent les nouvelles : on y apprend avec plusieurs semaines de retard, la prise de la Bastille. Dans la paroisse, devenue la « commune », lors de la fête de la Fédération, on ne mangera pas de la brioche, mais simplement du pain, de la bouillie de farine et des légumes, le tout accompagné d'un peu de vin. Cependant le petit frère Émilien, jeune aristocrate que la Révolution libérera d'une vocation religieuse qu'il n'avait pas choisie et qui finira par épouser Nanon, a préparé un autel, trophée rustique, en offrande au nouvel idéal, et qui permet au lecteur de voir un tableau des productions agricoles du terroir. Mais arrive la Terreur, Nanon et Émilien vivent clandestinement dans la forêt, en anachorètes, dans le « trou aux fades » (les fées) qui fut aussi habité jadis par les druidesses. Ils mangent ce qu'ils trouvent : la mère Nature est généreuse.

Dans la France du XIXe siècle qui commence à s'industrialiser, celle du *Péché de Monsieur Antoine*, le seigneur de Châteaubrun, grâce à sa fidèle cuisinière Janille, peut offrir à ses hôtes un repas traditionnel du Berry, « frugal », mais exquis : fromages de chèvre et de brebis ; noix, pruneaux, et « grosse tarte de pain bis ». Cependant Janille elle-même respecte les hiérarchies sociales, et, si elle fait du pain blanc pour les maîtres, elle considère que le « petit domestique » peut se contenter de pain de seigle et de son. Les diététiciens modernes n'ont pas encore enseigné que c'est là le meilleur pain, mais Janille sait déjà que « ça n'est pas mauvais pour la santé ». Janille est bavarde, aussi donne-t-elle beaucoup de renseignements au visiteur et donc au lecteur. La cave du château a peut-être autrefois servi de prison, mais maintenant le « vin s'y conserve fort bien ». Le seigneur de

Châteaubrun l'apporte lui-même dans des brocs de grès qu'il vide allégrement en compagnie du paysan qui a introduit Émile Cardonnet fraîchement arrivé de Paris. Quand Émile revient une autre fois chez M. de Châteaubrun, Janille s'est mise davantage en frais. Elle s'est procuré au village du laitage, du miel, des œufs. Elle sacrifie deux poulets qu'elle fait cuire au gril. Elle offre à Étienne des confitures. La jeune Gilberte propose de donner la recette des confitures exquises de Janille à Mme Cardonnet, la mère d'Émile. L'échange de recettes, c'est un mode de la convivialité, un moyen de nouer des liens, et l'on sent bien que Gilberte et Émile seraient heureux d'en nouer entre leurs deux familles. Pour la recette de Janille, il faut de petites fraises sauvages, et non ces grosses fraises de culture que l'on trouve dans les jardins des Cardonnet. La taille des fraises est un signe : Janille appartient à la tradition rustique, tandis que les Cardonnet se veulent modernes et sont tentés par une agriculture industrialisée. Les repas permettent aussi de distinguer les situations sociales et psychologiques des divers châtelains. Ainsi dans le château de Boisguibault, tout est plus cérémonieux, plus guindé, plus froid, et cela se remarque jusque dans la façon de servir le vin : « Le vieux Martin présentait horizontalement, sans leur imprimer la moindre secousse, des bouteilles couvertes d'une antique poussière. » Plus difficilement certes que chez Antoine de Châteaubrun, mais à coup sûr cependant, le repas permet que s'établisse un échange entre les personnages.

Le repas est un moment romanesque essentiel ; s'il permet le plus souvent un rapprochement des personnages, parfois aussi il provoque des surprises, des gênes, qui, elles aussi, sont révélatrices de la suite de l'intrigue, quand survient un personnage que d'autres ne prévoyaient pas. Ainsi dans *Les Beaux Messieurs de Bois-Doré*, ce roman qui se passe au moment des Guerres de religion, Almivar, seigneur espagnol lié à l'Inquisition, et qui a sur la conscience un crime, arrive dans le château de Bois-Doré où on lui sert un repas meilleur que ceux de Paris, avec du « vin vieux d'Issoudun », mais survient un personnage qui cause un malaise à Almivar. La suite nous dira pourquoi. Ce roman, qui tient du roman picaresque, fait aussi une large place aux auberges, lieu de rencontre et d'aventures ; à l'auberge du *Geault-Rouge*, on mange d'exquises matelotes, au bord de l'eau. Mais Mario, le héros du roman, ne s'y arrête pas, mis en garde par les réactions de son cheval. On verra que le cheval avait raison.

Dans *Les Maîtres sonneurs*, grand roman à la gloire de la musique populaire et qui se passe en partie dans le Berry, la mère de Joset, veuve, est obligée de servir dans l'auberge du père Benoît. La jeunesse s'y rassemble, mais Joset, le musicien marqué du sceau fatal du génie, suit son rêve intérieur. Brulette et Joset vont se rendre dans le pays du grand Bûcheux, plus sauvage, situé dans les forêts du Morvan ; ils vont y découvrir aussi une musique plus forte que celle du Berry. Les deux musiques cependant vont se rapprocher grâce au mariage, puisque Brulette épousera Huriel, et Thérence le narrateur berrichon ; mais auparavant un premier rapprochement, annonciateur de ces unions, s'est opéré grâce à un repas dont George Sand nous donne le menu : des œufs fricassés avec diverses sortes d'herbes fortes, des galetons de blé noir, et des fromages de Chambérat.

L'auberge peut jouer un rôle secret, mais encore plus important : elle peut être le lieu de ralliement des sociétés secrètes. « Par Mère, on entend l'hôtellerie où une société de Compagnons loge et mange et tient ses assemblées. » George Sand qui a rassemblé une importante documentation sur les associations d'artisans, sur leurs rites d'initiation pour écrire *Le Compagnon du tour de France* met bien en lumière ce rôle des auberges-mères, d'autant que c'est l'occasion pour Pierre Huguenin de revoir la Savienne qui sera pour lui plus qu'une mère. Grâce au repas, le rôle nourricier et maternel de la femme apparaît pleinement. Sa force aussi, car les héroïnes de George Sand ne sont pas des femmelettes. Témoin la jeune Tonine, de *La Ville noire*, notre premier roman ouvrier, qui se passe aussi au centre de la France, ville où naît l'industrie de la coutellerie, ville qui sombrerait dans la misère sans la volonté de l'héroïne. Le repas de mariage termine le roman : la nourriture devient signe de la réussite et du bonheur des héros, de leur joie aussi à faire partager leur bonheur, dans le repas pris en commun.

Le dernier des textes que nous présentons appartient à l'ultime phase de la création sandienne : les *Contes d'une grand-mère*. Contes issus à la fois de traditions locales et berrichonnes — les recherches des folkloristes, en particulier de Delarue, confirment souvent les origines de ces contes — mais à partir de là, George Sand rêve et imagine de son propre cru. Elle n'oublie pas non plus qu'elle a été grande admiratrice d'Hoffmann et de ses contes fantastiques. Et la vie quotidienne lui sert aussi d'inspiratrice. Tel de ses amis berrichons se met en route, pris d'humeur voyageuse : il lui en coûte de vouloir manger des huîtres plutôt que de se contenter de la bonne nourriture berrichonne : punition imaginaire de qui s'écarte des productions de son terroir, si savoureuses et si peu dangereuses.

À lire George Sand, on ne recueillera pas seulement des recettes qui nous donnent envie de faire à notre tour de la cuisine berrichonne — qui n'aurait envie d'essayer de faire une omelette aux écrevisses ou une tourte aux poires en suivant ses instructions ? — on prend conscience, par-delà le rôle romanesque de ces moments de convivialité, du rôle social de la nourriture dans la vie humaine, de son rôle initiatique et même mystique : tout repas est susceptible de devenir une Pâque.

Béatrice Didier
Directrice du département
Littérature à l'École Normale Supérieure

LE BERRY

L'enfance à Nohant

L'automne et l'hiver étaient le temps où nous nous amusions le mieux. Les enfants de la campagne y sont plus libres et moins occupés. En attendant les blés de mars, il y a des espaces immenses où leurs troupeaux peuvent errer sans faire de mal. Aussi se gardent-ils eux-mêmes tandis que les pastours, rassemblés autour de leur feu en plein vent, devisent, jouent, dansent, ou se racontent des histoires. On ne s'imagine pas tout ce qu'il y a de merveilleux dans la tête de ces enfants qui vivent au milieu des scènes de la nature sans y rien comprendre, et qui ont l'étrange faculté de voir par les yeux du corps tout ce que leur imagination leur représente. J'ai tant de fois entendu raconter à plusieurs d'entre eux, que je savais très véridiques, et trop simples d'ailleurs pour rien inventer, les apparitions dont ils avaient été témoins, que je suis bien persuadée qu'ils n'ont pas *cru voir*, mais qu'ils ont *vu*, par l'effet d'un phénomène qui est particulier aux organisations rustiques, les objets de leur épouvante. Leurs parents, moins simples qu'eux, et quelquefois même incrédules, étaient sujets aussi à ces visions.

[...] à l'époque où je passais une bonne moitié de ma vie avec les pastours, je confesse que leur terreur m'avait gagnée, et que, sans croire précisément au follet, aux revenants et à *Georgeon*, le diable de la vallée Noire, j'avais l'imagination vivement impressionnée par ces fantômes. Mais je n'étais pas de la race rustique et je n'eus jamais la moindre hallucination. J'eus beaucoup de visions d'objets et de figures dans la rêverie, presque jamais dans la frayeur; et même, dans ce dernier cas, je ne fus jamais dupe de moi-même. La tendance sceptique de l'enfant de Paris luttait encore en moi contre la crédulité de l'enfant en général.

Ce qui achevait de me troubler la cervelle, c'étaient les contes de la veillée lorsque les chanvreurs venaient broyer. Pour éloigner de la maison le bruit et la poussière de leur travail, et comme la moitié du hameau voulait écouter leurs histoires, on les installait à la petite porte de la cour qui donne sur la place, tout à côté du cimetière, dont on voyait les croix au clair de la lune par-dessus un mur très bas. Les vieilles femmes relayaient les narrateurs. J'ai raconté ces scènes rustiques dans mes romans. Mais je ne saurais jamais raconter cette foule d'histoires merveilleuses et saugrenues que l'on écoutait avec tant d'émotion et qui avaient toutes le caractère de la localité ou des diverses professions de ceux qui les avaient rapportées. Le sacristain avait sa poésie à lui, qui jetait du merveilleux sur les choses de son domaine, les sépultures, les cloches, la chouette, le clocher, les rats du clocher, etc. Tout ce qu'il attribuait à ces rats de mystérieuses sorcelleries remplirait un volume. Il les connaissait tous, il leur avait donné les noms des principaux habitants morts dans le bourg depuis une quarantaine d'années. À chaque nouveau mort, il voyait surgir un nouveau rat qui s'attachait à ses pas et le tourmentait par ses grimaces. Pour apaiser ces mânes étranges, il leur portait des graines dans le clocher ; mais, en y retournant le lendemain, il trouvait les plus bizarres caractères tracés par ces rats suspects avec les graines mêmes qu'il leur avait offertes. Un jour il trouvait tous les haricots blancs rangés en cercle avec une croix de haricots rouges au centre. Le jour suivant, c'était la combinaison contraire. Une autre fois, les blancs et les rouges alternés systématiquement formaient plusieurs cercles enchaînés, ou des lettres inconnues, mais si bien dessinées, qu'on aurait juré l'ouvrage d'une *personne humaine*. Il n'est point d'animaux insignifiants, il n'est point d'objets inanimés que le paysan ne fasse entrer dans son monde fantastique, et le christianisme du moyen âge, qui est encore le sien, est tout aussi fécond en personnifications mythologiques que les religions antérieures.

J'étais avide de tous ces récits, j'aurais passé la nuit à les entendre, mais ils me faisaient beaucoup de mal ; ils m'ôtaient le sommeil. Mon frère, plus âgé que moi de cinq ans, en avait été plus affecté encore, et son exemple me confirma dans la croyance où je suis que les races d'origine rustique ont la faculté de l'hallucination. Il tenait à cette race par sa mère, et il avait des visions, tandis que, malgré la fièvre de peur et les rêves sinistres de mon sommeil, je n'en avais pas. Vingt ans plus tard, il m'affirmait sous serment avoir entendu claquer le fouet du follet dans les écuries, et le battoir des lavandières de nuit au bord des sources. C'est de lui que j'ai parlé dans les articles intitulés

Visions de la nuit dans les campagnes, et ses récits étaient d'une sincérité complète. Dans les dangers réels, il était plus que courageux, il était téméraire. Dans son âge mûr comme dans son enfance, il a toujours eu comme une habitude de mépriser la vie. Du moins il exposait la sienne à tout propos et pour la moindre affaire. Mais que vous dirai-je? Il tenait au terroir, il était halluciné, il croyait aux choses surnaturelles.

J'ai dit que l'automne et l'hiver étaient nos saisons les plus gaies; j'ai toujours aimé passionnément l'hiver à la campagne, et je n'ai jamais compris le goût des riches, qui a fait de Paris le séjour des fêtes dans la saison de l'année la plus ennemie des bals, des toilettes et de la dissipation. C'est au coin du feu que la nature nous convie en hiver à la vie de famille, et c'est aussi en pleine campagne que les rares beaux jours de cette saison peuvent se faire sentir et goûter. Dans les grandes villes de nos climats, cette affreuse boue puante et glacée ne sèche presque jamais. Aux champs, un rayon de soleil ou quelques heures de vent rendent l'air sain et la terre propre. Les pauvres prolétaires des cités le savent bien, et ce n'est pas pour leur agrément qu'ils restent dans ce cloaque. La vie factice et absurde de nos riches s'épuise à lutter contre la nature. Les riches Anglais l'entendent mieux, ils passent l'hiver dans leurs châteaux.

On s'imagine à Paris que la nature est morte pendant six mois, et pourtant les blés poussent dès l'automne, et le *pâle soleil* des hivers, on est convenu de l'appeler comme cela, est le plus vif et le plus brillant de l'année. Quand il dissipe les brumes, quand il se couche dans la pourpre étincelante des soirs de grande gelée, on a peine à soutenir l'éclat de ses rayons. Même dans nos contrées froides, et fort mal nommées *tempérées*, la création ne se dépouille jamais d'un air de vie et de parure. Les grandes plaines fromentales se couvrent de ces tapis courts et frais, sur lesquels le soleil, bas à l'horizon, jette de grandes flammes d'émeraude. Les prés se revêtent de mousses magnifiques, luxe tout gratuit de l'hiver. Le lierre, ce pampre inutile, mais somptueux, se marbre de tons d'écarlate et d'or. Les jardins mêmes ne sont pas sans richesse. La primevère, la violette et la rose de Bengale rient sous la neige. Certaines autres fleurs, grâce à un accident de terrain, à une disposition fortuite, survivent à la gelée et vous causent à chaque instant une agréable surprise. Si le rossignol est absent, combien d'oiseaux de passage, hôtes bruyants et superbes, viennent s'abattre ou se reposer sur le faîte des grands arbres ou sur le bord des eaux ! Et qu'y a-t-il de plus beau que la neige, lorsque le soleil en fait une nappe de diamants, ou lorsque la gelée la suspend aux arbres en fantastiques arcades, en indescriptibles festons de givre et de cristal ? Et quel plaisir n'est-ce pas de se sentir en famille, auprès d'un bon feu, dans ces longues soirées de campagne, où l'on s'appartient si bien les uns aux autres, où le temps même semble nous appartenir, où la vie devient toute morale et tout intellectuelle en se retirant en nous-mêmes ?

L'hiver, ma grand-mère me permettait d'installer ma *société* dans la grande salle à manger, qu'un vieux poêle réchauffait au mieux. Ma société, c'était une vingtaine d'enfants de la commune qui apportaient là leurs *saulnées*. La saulnée est une ficelle incommensurable, toute garnie de crins disposés en nœuds coulants pour prendre les alouettes et menus oiseaux des champs en temps de neige. Une belle saulnée fait le tour d'un champ. On la roule sur des dévidoirs faits exprès, et on la tend avant le lever du jour dans les endroits propices. On balaie la neige tout le long du sillon, on y jette du grain, et, deux heures après, on y trouve les alouettes prises par centaines. Nous allions à cette récolte avec de grands sacs que l'âne rapportait pleins. Comme il y avait de graves contestations pour les partages, j'avais établi le régime de l'association, et l'on s'en trouva fort bien. Les saulnées ne peuvent servir plus de deux ou trois jours sans être regarnies de crins (car il s'en casse beaucoup dans les chaumes), et sans qu'on fasse le *rebouclage*, c'est-à-dire le nœud coulant à chaque crin dénoué. Nous convînmes donc que ce long et minutieux travail se ferait en commun, comme celui de l'installation des saulnées, qui exige aussi un balayage rapide et fatigant. On se partageait, sans compter et sans mesurer, la corde et le crin ; le crin était surtout la denrée précieuse, et c'était en commun aussi qu'on en faisait la maraude : cela consistait à aller dans les prés et dans les étables arracher de la queue et de la crinière des chevaux tout ce que ces animaux voulaient bien nous en laisser prendre sans entrer en révolte. Aussi nous étions devenus bien adroits à ce métier-là, et nous arrivions à éclaircir la chevelure des poulains en liberté, sans nous laisser atteindre par les ruades les plus fantastiques. L'ouvrage se faisait entre nous tous avec une rapidité surprenante, et nous avons été jusqu'à regarnir deux ou trois cents brasses dans une soirée. Après la chasse venait le triage. On mettait d'un côté les alouettes, de l'autre les oiseaux de moindre valeur. Nous prélevions pour notre régal du dimanche un certain choix, et l'un des enfants allait vendre le reste à la ville, après quoi je partageais l'argent entre eux tous. Ils étaient fort contents de cet arrangement, et il n'y avait plus de disputes et de méfiance entre eux. Tous les jours notre association recrutait de nouveaux adhérents, qui préféraient ce bon accord à leurs querelles et à leurs batailles. On ne pensait plus à se lever avant les autres pour aller dépouiller la saulnée des camarades, et la journée du dimanche était une véritable fête. Nous faisions nous-mêmes notre cuisine de volatiles. Rose était de bonne humeur ces jours-là, car elle était gaie et bonne fille quand elle n'était pas furibonde. La cuisinière faisait l'esprit fort à l'endroit de notre cuisine, le père Saint-Jean seul faisait la grimace et prétendait que la queue de son cheval blanc diminuait tous les jours. Nous le savions bien.

Histoire de ma vie, 3ᵉ partie, chap. 9, Pléiade

Grandeur et misère du Berry

Cité ancienne et affranchie anciennement, La Châtre est placée dans un vallon fertile et délicieux, qui s'ouvre tout entier aux regards quand on a gagné la lisière des plateaux environnants. Par la route de Châteauroux, à peine a-t-on laissé derrière soi une chaumière au nom romantique (la *Maison du diable*), qu'on descend une longue chaussée bordée de peupliers, avec un ravin de vignes et de prairies à droite et à gauche, et de là on embrasse d'un coup d'œil la petite ville, sombre dans la verdure, dominée d'un côté par une vieille tour carrée qui fut le château seigneurial des Lombaud, et qui sert aujourd'hui de prison; de l'autre par un lourd clocher bien reluisant, dont la base, servant de porche à l'église, est un fort beau morceau d'architecture antique et massive.

On entre dans la ville par un vieux pont sur l'Indre, où un rustique assemblage de vieilles maisons et de vieux saules offre une composition pittoresque.

Mais avant de décrire cette ville, je me permettrai, sous forme d'apostrophe, une courte digression.

Ô mes chers compatriotes! pourquoi êtes-vous si malpropres? Je vous le reproche très sérieusement et avec quelque espoir de vous en corriger. Vous vivez dans le climat le plus sain, et au milieu de la population rustique de la vallée Noire, qui est d'une propreté exquise, et pourtant vous semblez vous plaire à faire de votre ville un cloaque infect, où l'on ne sait où poser le pied, et où vous respirez à toute heure des miasmes fétides, tandis que derrière l'enceinte de vos maisons fleurit la campagne embaumée, et qu'au-dessus de vos toits abaissés passe une masse d'air libre et pur, dont il semble que vous ayez horreur. Il est bien difficile d'assainir et d'entretenir propres des cités comme Lyon et Marseille; mais La Châtre! un groupe de maisonnettes jetées dans une oasis de prairies aromatiques et de vergers en fleurs! Vraiment la dépravation de l'odorat, le cynisme de la vue, inhérents à la population des petites villes de l'intérieur, sont des vices que n'excuse nulle part la misère, et qu'ici la pauvreté ne peut pas même expliquer, puisque cette population est aisée, et que d'ailleurs les bourgeois les plus riches n'y ont pas plus que les ouvriers les plus restreints la pudeur de faire disparaître la souillure de leurs seuils inhospitaliers. Aucune observation des règlements de la plus simple police ne préoccupe apparemment les fonctionnaires municipaux. La chasteté pourtant l'exigerait aussi bien que la salubrité. La malpropreté est indécente, elle révèle dans les mœurs une absence de respect de soi-même, et dans l'esprit une habitude d'engourdissement honteux. Fi de La Châtre sous ce rapport ! Dans des recoins perdus et ignorés de la vallée Noire, vous découvrez parfois sous les buissons une misérable chaumière construite en boue séchée au soleil, et soutenue de quelques vieux ais vermoulus. Si, par exception, la ménagère n'est qu'une coureuse fainéante, l'intérieur répondra à l'extérieur ; mais ce sera une exception, ne l'oubliez pas. Dix fois sur douze vous trouverez la maisonnette bien balayée, la vaisselle brillante sur le dressoir, le lit propre, l'âtre sans tache, pas un grain de poussière sur les solives enfumées : une misère profonde, parfois déchirante à voir, toujours respectable et jamais repoussante. Oui, la propreté est la dignité du pauvre, c'est par elle qu'il se montre supérieur à sa destinée et plus digne de vivre dans les palais que les fainéants qui les possèdent. Je crois que j'ai dit cela souvent, je le répéterai sans me lasser. L'indigence qui s'abandonne avec nonchalance et découragement mérite de la pitié : celle qui lutte contre son dénuement, qui lave ses haillons, qui assainit et purifie sa pauvre demeure, mérite du respect et de l'amitié. Mais la saleté gratuite et volontaire n'inspire que le dégoût. Elle n'est autre chose qu'une dépravation et une ignominie.

Sans cette affreuse malpropreté, La Châtre serait un séjour agréable. La plus belle rue, la rue Royale, est, en réalité, la plus laide ; elle est sans caractère. Mais le vieux quartier est pittoresque et conserve quelques-unes de ces maisons de bois de la Renaissance, si élégantes et d'une si belle couleur. La ville, jetée en pente, monte toujours vers la prison, et des rues étroites, qui serpentent entre des rangées de pignons inégaux envahis par la mousse et les pigeons, vont appuyer le flanc de l'antique cité à un ravin coupé à pic, au fond duquel l'Indre dessine ses frais méandres dans un paysage étroit mais ravissant. Ce côté-là est remarquable, et quand on sort de la ville par la promenade de l'abbaye, pour suivre le petit chemin sablonneux de *La Renardière*, on arrive aux *Couperies*, un des sites les plus délicieux du pays, au-delà duquel on peut se perdre dans un terrain miné par les eaux, déchiré de ravines charmantes, et semé d'accidents pittoresques.

J'ai décrit La Châtre, je l'ai sermonnée, parce qu'au fond je l'aime, et je l'aime parce que mon père y eut des amis dont les enfants sont mes amis.

Histoire de ma vie, 1re partie, chap. 7, Pléiade

État des routes et des transports : Voyageurs perdus dans la Brande

Entre Châteauroux et Nohant recommence une espèce de Sologne qui se prolonge jusqu'à l'entrée de la vallée Noire. C'est beaucoup moins pauvre et moins laid que la Sologne, surtout aujourd'hui que presque tous les abords de la route sont cultivés. D'ailleurs le terrain a quelque mouvement, et derrière les grandes nappes de bruyère on retrouve presque partout les horizons bleus des terres fertiles au centre desquelles s'étend ce petit désert. Le voisinage de ces terres combat l'insalubrité des landes, et si la végétation et le bétail y sont plus pâles et plus maigres que dans notre vallée, du moins ne sont-ils pas mourants comme dans les pays stériles d'une grande étendue. Ce désert, car il est à peine semé de quelques fermes et de quelques chaumières aujourd'hui, et à l'époque de mon récit il n'en comptait pas une seule, est appelé dans le pays *La Brande*. Vers l'extrémité qui regarde Châteauroux est une bourgade qu'on appelle *Ardentes*. Est-ce à cause des forges qui y existaient déjà du temps des Romains ? et les landes environnantes étaient-elles alors couvertes de forêts qu'on aurait peu à peu brûlées pour la consommation de ces forges ? Ces deux noms le feraient croire. À moins encore qu'un vaste incendie n'ait dévoré jadis et les bois et la bourgade.

Quoi qu'il en soit, la Brande était encore, au temps dont je parle, un cloaque impraticable et un sol complètement abandonné. Il n'y avait point de route tracée, ou plutôt il y en avait cent, chaque charrette ou patache essayant de se frayer une voie plus sûre et plus facile que les autres dans la saison des pluies. Il y en avait bien une qui s'appelait la route ; mais, outre que c'était la plus gâtée, elle n'était pas facile à suivre au milieu de toutes celles qui la croisaient. On s'y perdait continuellement, et c'est ce qui nous arriva.

Arrivés à Châteauroux, où cessait à cette époque toute espèce de diligences, nous déjeunâmes chez M. Duboisdouin, un vieux et excellent ami de ma grand-mère, qui avait été employé au service de la recette générale par mon grand-père M. Dupin, et qui avait conservé pour nous un vif attachement. C'était un aimable et heureux petit vieillard, sec, robuste et enjoué. Il a eu une longévité extraordinaire sans infirmités. À quatre-vingt-deux ans il venait en été de Châteauroux à Nohant à pied, c'est-à-dire qu'il faisait ainsi neuf lieues pour nous voir, son habit au bout de sa canne placée sur son épaule, comme un jeune compagnon du tour de France. Il sautait les fossés, il courait, il dansait, il bêchait, il travaillait tout seul son jardin, qui était admirable de fleurs et de fruits. Il nous fit une réception charmante, nous retint longtemps à table, nous promena dans son enclos, où il ne nous fit grâce ni d'une violette ni d'un abricotier en fleur, si bien que le jour tombait lorsque nous montâmes dans une patache de louage, conduite par un gamin de douze ou treize ans, et traînée par une pauvre haridelle très efflanquée.

Je crois bien que notre automédon n'avait jamais traversé la Brande, car lorsqu'il se trouva à la nuit close dans ce labyrinthe de chemins tourmentés, de flaques d'eau et de fougères immenses, le désespoir le prit, et, abandonnant son cheval à son propre instinct, il nous promena au hasard pendant cinq heures dans le désert.

Je disais tout à l'heure qu'il n'y avait alors aucune habitation dans la Brande. Je me trompais, il y en avait une, et c'était le point de concours qu'il s'agissait de trouver dans la perspective, pour se diriger ensuite sur la vallée Noire avec quelque chance de succès. On appelait cette maisonnette la maison du Jardinier, parce qu'elle était occupée par un ancien jardinier du Magnier, romantique château situé à une lieue de là, à la lisière de la Brande et de la vallée Noire, mais dans une autre direction que celle de Nohant.

Or la nuit était sombre, et nous avions beau chercher cette introuvable maison du Jardinier, nous n'en approchions pas ; ma mère avait une peur affreuse que nous ne fussions tombés dans la direction et dans le voisinage des bois de Saint-Aoust, qu'elle redoutait fort, parce que, dans sa pensée, l'idée des voleurs était infailliblement associée à celle des bois, n'eussent-ils eu qu'un arpent d'étendue.

Le danger n'était pas là. Outre qu'il n'y a jamais eu de brigands dans notre pays, le peu de voyageurs qui fréquentaient alors les chemins perdus de la Brande ne leur aurait pas promis une riche existence. Le véritable danger était de verser et de rester dans quelque trou. Heureusement celui que nous rencontrâmes vers le minuit était à sec; il était profond, et nous échouâmes dans le sable si complètement, que rien ne put décider le cheval à nous en tirer. Il fallut y renoncer; alors le gamin dételant sa bête, montant dessus et jouant des talons, nous souhaita une bonne nuit, et, sans s'inquiéter davantage des remontrances de ma mère et des menaces énergiques de Rose, disparut et se perdit dans la nuit ténébreuse.

Nous voilà donc en pleine lande à la belle étoile, ma mère consternée, Rose jurant après le gamin, et moi pleurant à cause de l'inquiétude et de la contrariété que ma mère éprouvait, ce qui mettait mon âme en détresse.

J'avais peur aussi, et ce n'était ni de la nuit, ni des voleurs, ni de la solitude. J'étais épouvantée par le chant des grenouilles qui habitent encore aujourd'hui par myriades les marécages de ces landes. En de certaines nuits de printemps et d'automne, elles poussent de concert une telle clameur sur toute l'étendue de ce désert, que l'on ne s'entend point parler, et que cela ajoute à la difficulté de s'appeler et de se retrouver, si, en s'égarant, on se sépare de ses compagnons de route. Cet immense coassement me portait sur les nerfs et remplissait mon imagination d'alarmes inexplicables. En vain Rose se moquait de moi et m'expliquait que c'était un chant de grenouilles, je n'en croyais rien; je rêvais d'esprits malfaisants, de fadets et de gnomes irrités contre nous, qui troublions la solitude de leur empire.

Enfin Rose ayant jeté des pierres dans toutes les eaux et dans toutes les herbes environnantes pour faire taire ces symphonistes inexorables, réussit à causer avec ma mère et à la tranquilliser sur les suites de notre aventure. On me coucha au fond de la patache, où je ne tardai pas à m'endormir; ma mère n'essaya pas d'en faire autant, mais elle devisait assez gaiement avec Rose, lorsque, vers les deux heures du matin, je fus éveillée par une alerte. Un globe de feu paraissait à l'horizon. D'abord Rose prétendit que c'était la lune qui se levait, mais ma mère pensait que c'était un météore et croyait voir qu'il se dirigeait rapidement sur nous.

Au bout de quelques instants on reconnut que c'était une sorte de fanal qui venait effectivement de notre côté, non sans faire beaucoup de zigzags et témoigner de l'incertitude d'une recherche. Enfin on distingua des bruits de voix et le pas des chevaux. Ma mère voulut encore se persuader que c'étaient des voleurs et que nous devions fuir et nous cacher dans les broussailles pendant qu'ils pilleraient la patache ; mais Rose lui démontra que c'était au contraire des gens charitables qui venaient à notre secours, et elle courut au-devant d'eux pour s'en assurer.

En effet, c'était le bon jardinier de la Brande qui, comme un pilote habitué à de fréquents sauvetages, arrivait avec ses fils, ses chevaux, et la chandelle de résine entourée d'un grand papier huilé et lié au bout d'une perche, sorte de phare qui avertissait de loin les naufragés de la Brande. Notre gamin n'avait pas été aussi égoïste et aussi maladroit que nous l'avions pensé. Il avait réussi à trouver la maison de refuge et il revenait avec les hôtes pour les aider à nous retrouver aussi. En un instant ils remirent la patache sur pied, ils y attachèrent deux forts chevaux de labour, les premiers défricheurs peut-être qui aient enfoncé le soc de la charrue dans la Brande, et ils nous amenèrent chez eux, où la mère de famille nous attendait et nous avait préparé un souper rustique, un bon feu et des lits. Ce fut une fête pour nous de manger et de dormir dans cette chaumière où ronflaient d'autres enfants que notre arrivée ne dérangea pas le moins du monde. Les gros draps bien blancs, les baldaquins de serge jaune, le chant des coqs, la gaieté du feu de bruyère sèche, et surtout l'hospitalité du paysan, nous charmèrent, et le soleil était déjà haut quand nous repartîmes pour Nohant dans la patache avec un cheval de renfort et un guide.

Ce n'était pas un secours inutile, car le reste du voyage, jusqu'à l'entrée de la vallée Noire (deux lieues à parcourir), nous prit trois grandes heures, à cause des innombrables détours qu'il fallait faire pour ne point rencontrer les fondrières ; enfin il était midi quand nous arrivâmes à Nohant, et nous étions partis de Châteauroux la veille au coucher du soleil. Aujourd'hui nous faisons cette promenade avec un bon cheval, sur une route magnifique, en deux heures.

Histoire de ma vie, 3ᵉ partie, chap. 3,
Pléiade, t. I, p. 684-687

Le caractère du Berrichon

Nohant est une retraite austère par elle-même, élégante et riante d'aspect par rapport à Guillery, mais, en réalité, plus solitaire, et pour ainsi dire imprégnée de mélancolie. Qu'on s'y rassemble, qu'on la remplisse de rires et de bruit, le fond de l'âme n'en reste pas moins sérieux et même frappé d'une espèce de langueur qui tient au climat et au caractère des hommes et des choses environnantes. Le Berrichon est lourd. Quand, par exception, il a la tête vive et le sang chaud, il s'expatrie, irrité de ne pouvoir rien agiter autour de lui ; ou, s'il est condamné à rester chez nous, il se jette dans le vin et la débauche, mais tristement, à la manière des Anglais, dont le sang a été mêlé plus qu'on ne croit à sa race. Quand un Gascon est gris, un Berrichon est déjà ivre, et quand l'autre est un peu ivre, limite qu'il ne dépassera guère, le Berrichon est complètement *soûl* et ira s'abêtissant jusqu'à ce qu'il tombe. Il faut bien dire ce vilain mot, le seul qui peigne l'effet de la boisson sur les gens d'ici. La mauvaise qualité du vin y est pour beaucoup ; mais, dans l'intempérance avec laquelle on en use, il faut bien voir une fatalité de ce tempérament mélancolique et flegmatique, qui ne supporte pas l'excitation, et qui s'efforce de l'éteindre dans l'abrutissement.

En dehors des ivrognes, qui sont nombreux, et dont le désordre réduit les familles à la misère ou au désespoir, la population est bonne et sage, mais froide et rarement aimable. On se voit peu. L'agriculture est peu avancée, pénible, patiente et absorbante pour le propriétaire. Le vivre est cher, relativement au Midi. L'hospitalité se fait donc rare, pour garder, à l'occasion, l'apparence du faste ; et, par-dessus tout, il y a une paresse, un effroi de la locomotion qui tiennent à la longueur des hivers, à la difficulté des transports et encore plus à la torpeur des esprits.

Il y a vingt-cinq ans, cette manière d'être était encore plus tranchée ; les routes étaient plus rares et les hommes plus casaniers. Ce beau pays, quoique assez habité et bien cultivé, était complètement morne, et mon mari était comme surpris et effrayé du silence solennel qui plane sur nos champs dès que le soleil emporte avec lui les bruits déjà rares et contenus du travail. Là, point de loups qui hurlent, mais aussi plus de chants et de rires; plus de cris de bergers et de clameurs de chasse. Tout est paisible, mais tout est muet. Tout repose, mais tout semble mort.

J'ai toujours aimé ce pays, cette nature et ce silence. Je n'en chéris pas seulement le charme, j'en subis le poids, et il m'en coûte de le secouer, quand même j'en vois le danger.

Histoire de ma vie, 4e partie, chap. 11,
Pléiade, t. II, p. 84-85

DES METS SIMPLES ET EXQUIS

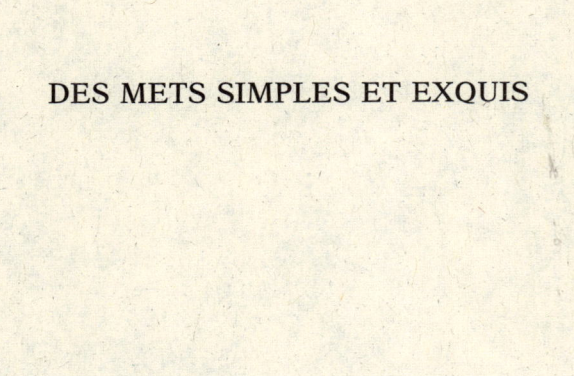

Omelette aux écrevisses

Dimanche 30 [mai 1858]

Temps magnifique, très chaud. Nous déjeunons d'une omelette aux écrevisses dont Manceau s'indigère scandaleusement. Recette de ladite omelette : Faites cuire les écrevisses à l'eau sans assaisonnement, épluchez-les, mettez-les cuire dans le beurre, et glissez-les toutes chaudes dans l'omelette aux trois quarts faite. C'est un manger digne des plus grands gourmets. Manceau va chasser avec Jean en remontant la Gargilesse. Je reste à corriger mon roman, il rentre à 4 heures (buisson creux). Marie arrive avec Sylvain. Elle est très épatée de son voyage, le plus long de sa vie et elle admire les rochers. Nous allons faire un tour avec elle, jusqu'au-delà du pont. Elle nous a apporté des lettres de Maurice, d'Ernest, etc. Un tour de promenade sur le rocher, nous rentrons relire les lettres, parcourir les journaux, etc. Manceau va à la miellée où les papillons commencent à paraître. Nous écrivons à Bouli.

Gargilesse, Ch. Pirot, 1991, p. 44

Repas à Gargilesse

Mercredi 20 [avril 1864]

Départ de Nohant à 11 h 1/2. Chaleur ravissante, un peu forte au baisser du soleil. Relâche dans les bois avant Cluis de 1 h 3/4 à 2 h 3/4. Arrivée à Gargilesse à 5 h 1/2. C'est plus beau toujours, et la lune ce soir!... Je fais mon lit, je balaie, je défais mon paquet, je range, je me sers mon dîner, œufs, pommes de terre, fromentée, pommes, dragées, café, tout froid mais en bon état sortant de la caisse. Je *me* dîne, je *me* fais des patiences et j'écris à Maurice et à Mancel. Je me suis fait mon feu, et ça n'a pas fumé. Pas de Mme Malesset en face, plus de maître d'école ; Mme Bonnet me prête des assiettes, j'allume ma lampe qui va bien. Je vas travailler un peu. Ça n'est pas malin de venir seule à Gargilesse. Il y a de tout à la maison, et tout le monde est complaisant. Moreau est toujours le même. Bonnet est aubergiste, il loge et nourrit Sylvain.

Jeudi 21

Temps magnifique, très chaud avec une jolie brise douce. J'ai très bien dormi. Lever à 10 heures. Je fais ma revalescière, mon lit, mon déjeuner, je sors à 1 heure, jusqu'à 5, je vas jusqu'au ruisseau, je grimpe un peu, très peu, et je lorgne tous les rochers de la côte. Je m'arrête à celui de Moreau qui n'est pas *voyant*, et qui a de beaux arbres. Je m'arrange avec lui. C'est convenu et c'est charmant, mais il faut pouvoir y aller. Demain nous indiquons un sentier, qu'il fera ensuite. Mêmes fleurs et mêmes chants du ruisseau que l'année passée. C'est comme un anniversaire. La végétation est juste au même point. C'était en mai pourtant, l'année passée. Au retour je rencontre le comte de Gargilesse chez le maître d'école. Dieu qu'il est laid ! le maître d'école aussi. Je dîne à la maison : soupe maigre, omelette, deux petites vandaises, fromentée, café — patiences. J'ai reçu une lettre de Mancel d'avant-hier. Je lis Hugo — Je suis bien, quel silence !...

Vendredi 22

Bonne nuit tout d'un somme. Temps magnifique, déjeuner, revalescière et façon du souper de ce soir. Je sors à midi 1/2. Je retourne au bois Moreau et avec Sylvain on me fraye un sentier du bas en haut à pic en zigzag. Je fais l'ascension pas à pas derrière eux ; chaque branche coupée, chaque marche indiquée me fait avancer. C'est très élevé, et très rapide, les passants n'iront pas faire dessus et ça n'a pas d'issue. Pourtant nous revenons par en haut en rejoignant le bois Renaud qui est joli. Oh dame ! des ruisseaux gazouillants partout. Je dîne en rentrant d'une soupe maigre, d'une friture de petits poissons, et d'une omelette.

Gargilesse, p. 94-95

Éloge du lait de chèvre

Lundi 18

Temps superbe. Chaleur d'été. Déjeuner parfait. Omelette aux écrevisses. Pauvre Manceau, où es-tu? Tu lis les batailles de l'Empire! Nous partons à midi pour le moulin Garat. Nous y allons en flânant, c'est toujours ravissant. Le soleil se voile et se remontre plusieurs fois, sans que l'étonnante chaleur diminue. Nous revenons par la fontaine Grandsire, le coucher de soleil est splendide. La vue que Maurice aime est superbe. Nous avons trouvé la meunière de Garat très embellie, elle nous a fait manger de la crème de chèvre exquise et du lait de chèvre idem. C'est décidément bien meilleur, *quand c'est bon*, que le lait de vache et la crème idem. Ladite meunière ne se sert pas d'autre beurre que de celui de ses chèvres. Nous avons été au delà du moulin dans un site de rochers très beau. La gorge s'élargit un instant et la Gargilesse forme un réservoir avec écluse. Nous dînons à 7 heures très bien. Bésigue jusqu'à 11 heures. Le temps est remis, la lune superbe. Nous avons passé la soirée avec la fenêtre ouverte.

Gargilesse, p. 228

Pique-nique dans la Creuse

On partit par une matinée très fraîche, munis de provisions de bouche, à seules fins de gagner du temps en route, car on trouve partout à manger maintenant dans notre bas Berry ; mais on n'y est pas encore très vif. Le Berrichon des plaines n'est jamais pressé, et avec lui il faut savoir attendre.

Or, nous voulions arriver et ne pas perdre les belles heures du jour à voir tourner les broches, lesquelles tournent aussi gravement que les gens du pays. Quant aux tables, je doute qu'elles y tournent jamais, ou ce serait avec une nonchalance si désespérante, que les plus fervents adeptes s'endormiraient au lieu de penser à les interroger.

Nous déjeunâmes donc sur l'herbe, dans les ruines d'une vieille forteresse, et, deux heures après, nous quittions la route pour un chemin vicinal non achevé, et plus gracieux à la vue que facile aux voitures.

Nous avions traversé un pays agréable, des ondulations de terrain fertile, de jolis bois penchés sur de belles prairies, et partout de larges horizons bleus qui rendent l'aspect de la contrée assez mélancolique.

Mais je me rappelais avoir vu par là un site bien autrement digne de remarque, et, quand le chemin se précipita de manière à nous forcer de descendre à pied, j'invitai mes naturalistes, fureteurs de buissons, à jeter les yeux sur le cadre qui les environnait.

Au milieu des vastes plateaux mouvementés qui se donnent rendez-vous comme pour se toucher du pied, en s'abaissant vers une sinuosité cachée aux regards, le sol se déchire tout à coup, et dans une brisure d'environ deux cents mètres de profondeur, revêtue de roches sombres ou de talus verdoyants, coule, rapide et murmurante, la Creuse aux belles eaux bleues rayées de rochers blancs et de remous écumeux.

C'est cette grande brisure qui se découvrait tout à coup au

détour du chemin et qui ravissait nos regards par un spectacle aussi charmant qu'inattendu.

En cet endroit, le torrent forme un fer à cheval autour d'un mamelon fertile couvert de blondes moissons. Ce mamelon, incliné jusqu'au lit de la Creuse, ressemble à un éboulement qui aurait coulé paisiblement entre les deux remparts de rochers, lesquels se relèvent de chaque côté et enferment, à perte de vue, le cours de la rivière dans les sinuosités de leurs murailles dentelées.

Le contraste de ces âpres déchirements et de cette eau agitée avec la placidité des formes environnantes est d'un *réussi* extraordinaire.

C'est une petite Suisse qui se révèle au sein d'une contrée où rien n'annonce les beautés de la montagne. Elles y sont pourtant discrètement cachées et petites de proportions, il est vrai, mais vastes de courbes et de perspectives, et infiniment heureuses dans leurs mouvements souples et fuyants. Le torrent et ses précipices n'ont pas de terreurs pour l'imagination. On sent une nature abordable, et comme qui dirait des abîmes hospitaliers. Ce n'est pas sublime d'horreur; mais la douceur a aussi sa sublimité, et rien n'est doux à l'œil et à la pensée comme cette terre généreuse soumise à l'homme, et qui semble ne s'être permis de montrer ses dents de pierre que là où elles servent à soutenir les cultures penchées au bord du ravin.

Quand vous interrogez une de ces mille physionomies que revêt la nature à chaque pas du voyageur, ne vous vient-il pas toujours à l'idée de la personnifier dans l'image d'une déesse aux traits humains?

La terre est femelle, puisqu'elle est essentiellement mère. C'est donc une déité aux traits changeants, et elle se symbolise par une beauté de femme tour à tour souriante et désespérée, austère et pompeuse, voluptueuse et chaste.

Promenades autour d'un village,
Ch. Pirot, p. 16-17

Il s'agissait de dîner.

— Dîner? s'écria Moreau. La belle affaire! Regardez! le village est rempli de poules et de poulets qui ne sont pas farouches. On en aura vite attrapé deux ou trois. Voyez combien de vaches rentrent du pré! Chacun a la sienne, tout au moins. Croyez-vous qu'on manque ici de lait et de beurre? Et les œufs! Il n'y a qu'à se baisser pour en ramasser. Enfin la Creuse n'est pas loin. Je m'y en vas donner un coup d'épervier, et, si je ne vous rapporte pas une belle truite, à tout le moins je trouverai bien une belle friture de tacons.

Or, le tacon est le saumon en bas âge; les saumons de mer, remontant la Loire, viennent frayer dans les eaux vives de la Creuse, et ce n'est point là un mets à dédaigner. On n'a pas encore à se tourmenter ici de pisciculture, à moins que ce ne soit pour étudier les procédés de l'ingénieuse et bonne nature, afin de les appliquer en d'autres pays.

Outre ce menu, nous avions cueilli en route de beaux cèpes. Tout cela était fort alléchant pour des gens affamés, même ces pauvres poulets qui couraient encore. Mais il fallait une cuisine et une femme; car aucun de nous ne possédait les utiles talents de l'auteur des *Impressions de voyage*.

— De quoi diable vous inquiétez-vous? dit le guide. Il y a ici une auberge dont la maîtresse cuisinerait pour un archevêque. C'est elle qui vous prêtera les chambres où vous voilà, à condition que vous irez dîner chez elle, en haut du village. Est-ce convenu? restez-vous ici? Je vas commander la soupe. En attendant, descendez ce chemin, et vous vous trouverez à la rencontre de la petite rivière et de la grande. Restez-y une heure et revenez: tout sera prêt, même le café, car je me souviens que vous n'aimiez point à vous passer de ça.

— Mais je me reconnais très bien, lui dis-je; il n'y a point de pont en bas du village.

— Si fait, il y en a un maintenant. Allez devant vous.

Nous trouvâmes le chemin rapide, mais commode, le pont très joli et le confluent des deux torrents admirable de fraîcheur et de mystère.

Le soleil était déjà couché pour nous, il était descendu derrière les rochers qui nous faisaient face; mais, au loin, il envoyait, à travers ses brisures, de grandes lueurs chaudes et brillantes sur les fonds d'émeraude de la gorge.

Quand on est tout au fond de cette brèche qui sert de lit à la Creuse, l'aspect devient quelquefois réellement sauvage. Sauf les pointes effilées de quelques clochers rustiques qui, de loin en loin, se dressent comme des paratonnerres sur le haut du plateau, et quelques moulins charmants échelonnés le long de l'eau, avec leurs longues écluses en biais ou en éperon, qui rayent la rivière d'une douce et fraîche cascatelle, c'est un désert.

Pour peu que l'on se trouve engagé dans un de ses coudes rocailleux, assez escarpés pour ne pas livrer passage aux troupeaux, on se croirait au sein d'une nature âpre et désolée. Mais, un peu plus loin, la rivière tourne, et la scène change. Le ravin s'adoucit un instant et laisse couler des zones d'herbe fraîche et de beaux arbres, jusqu'à de délicieuses pelouses, où les pieds meurtris se reposent dans du velours. Et puis ce sont de longues flaques de sable fin et humide où croissent des plantes exquises, diverses espèces de sauges et de baumes, et ces grandes menthes aux grappes lilas, dont les mouches, les papillons et les coléoptères semblent se disputer le nectar avec une sorte de rage.

Tout ce monde-là était endormi pendant que le soleil s'en allait, et on ne voyait plus voler que le satyre janira, ce papillon si abondant dans toute la France, hardi et pullulant comme le moineau, dont il a la couleur brune, et qui, comme lui, se couche tard, après avoir fait beaucoup de façons et essayé beaucoup de gîtes.

La Creuse occupe déjà un lit assez large dans ces parages ; elle est presque partout semée de longues roches aiguës, qu'un léger sédiment blanchit au temps des crues. Quelquefois ce sont des crêtes quartzeuses, d'un vrai blanc de marbre, qui se dressent au milieu du sol primitif : on croirait pouvoir la franchir partout aisément en sautant de pierre en pierre ; mais, vers son milieu, elle a presque toujours un canal rapide assez profond.

Chaque moulin a son petit bateau, qui peut transporter quelques individus d'une rive à l'autre ; mais rarement les propriétaires occupent les deux rives, et le besoin de communiquer entre eux se fait peu sentir aux habitants des deux plateaux, si bien que, d'un côté à l'autre du précipice, on passe très bien plusieurs années sans se connaître et sans nouer de relations, du moins dans la partie qui s'étend de la grande ruine de Châteaubrun au point où nous étions.

Nous rêvions fort tranquillement sur les îlots de roches du rivage, quand nous fûmes assaillis par les naturels du pays sous la forme de quatre gamins occupés, ou plutôt nullement occupés à garder quatre cochons. Chacun avait le sien par rang de taille, et le dernier bambin avait la gouverne du cochon de lait.

Les cochons étaient bien sages, les enfants l'étaient moins ; ils accoururent autour de nous, criant, hurlant, gambadant et nous montrant quatre effroyables petits museaux qui semblaient écorchés à vif et baignés d'un sang noirâtre, le tout dans l'évidente intention de nous effrayer.

C'est un divertissement bien connu chez nous que ce barbouillage avec le jus des guignes noires qui pendent au-dessus des buissons et jonchent la terre à leur maturité.

Amyntas répondit à ce défi par un prodige non moins terrible.

Il tira de sa poche un de ces petits cornets qui servent à se rappeler quand on est trop éparpillé à la promenade, et dont nous sommes toujours munis.

Le cri rauque de cet instrument fit merveille. Nos petits sauvages s'enfuirent à toutes jambes, en proie à une frayeur indicible, et le plus petit, beuglant et pleurant comme un veau, se laissa choir en criant merci. Il fallut aller le relever et le consoler.

Le dîner fut excellent, le café fort passable, l'hôtesse très obligeante et très empressée.

La promenade du lendemain fut réglée, des mesures prises pour le réveil et le départ. Puis nous descendîmes le village, chacun une lumière à la main, précaution indispensable pour la première fois dans ces rues difficiles ; et notez que nous avions trouvé de la bougie, sybarites que nous étions !

Notre rue est la plus encaissée et la plus enfouie du bourg, dans une coulisse de rochers ; d'un côté les ruines de la forteresse, de l'autre une série de petites cours ouvertes, que l'on pourrait appeler des *squares*, fermés au fond par le roc qui se relève brusquement, et par un ruisselet d'eau vive, à peu près muet en cette saison, mais grouillant et joyeux à la moindre pluie.

Les maisonnettes sont généralement disposées par trois, soudées ensemble, faisant face à deux ou trois autres toutes pareilles.

Cela fait cinq ou six familles se voyant les unes chez les autres à toutes les heures du jour, élevant ensemble marmots, poules et pigeons, tout cela s'échelonnant sur les perrons ou se groupant dans la cour commune de la façon la plus pittoresque.

Voilà donc un vrai village, non pas un village d'opéra-comique d'autrefois, lorsque les bergères avaient des robes de satin et les moutons des rubans roses, mais un village d'opéra-comique moderne, c'est-à-dire un décor à la fois charmant et vrai, un décor de Rubé et consorts, permettant une mise en scène heureuse et naïve, des détails empruntés avec amour à la nature ;

du réalisme comme il faut en faire, en choisissant dans le réel ce qui vaut la peine d'être peint : une petite ogive basse sur le ruisseau, un fond dont le toit en tourelle disparaît sous les fleurs sauvages, un buisson heureusement jeté sur les décombres, que sais-je ?

Promenades autour d'un village, p. 29-32

Des truites et du lait au moulin

Quand Marcelle pénétra dans les vastes bosquets où elle comptait trouver ses hôtes, elle crut entrer dans une forêt vierge. C'était une suite de terrains minés et bouleversés par les eaux, couverts de la plus épaisse végétation. On voyait que la petite rivière faisait là de grands ravages à la saison des pluies. Des aunes, des hêtres et des trembles magnifiques à demi renversés, et laissant à découvert leurs énormes racines sur le sable humide, semblables à des serpents et à des hydres entrelacés, se penchaient les uns sur les autres dans un orgueilleux désordre. La rivière, divisée en nombreux filets, découpait, suivant son caprice, plusieurs enceintes de verdure, où, sur un gazon couvert de rosée, s'entrecroisaient des festons de ronces vigoureuses, et cent variétés d'herbes sauvages hautes comme des buissons et abandonnées à la grâce incomparable de leur libre croissance. Jamais jardin anglais ne pourrait imiter ce luxe de la nature, ces masses si heureusement groupées, ces bassins nombreux que la rivière s'est creusés elle-même dans le sable et dans les fleurs, ces berceaux qui se rejoignent sur les courants, ces accidents heureux du terrain, ces digues rompues, ces pieux épars que la mousse dévore et qui semblent avoir été jetés là pour compléter la beauté du décor. Marcelle resta plongée dans une sorte de ravissement, et, sans le petit Édouard qui courait comme un faon échappé, avide d'imprimer le premier la trace de ses pieds mignons sur les sables fraîchement déposés au rivage, elle se fût oubliée longtemps. Mais la crainte de le voir tomber dans l'eau réveilla sa sollicitude ; et, s'attachant à ses pas, courant après lui, et s'enfonçant de plus en plus dans ce désert enchanté, elle croyait faire un de ces rêves où la nature nous apparaît si complète dans sa beauté, qu'on peut dire avoir vu parfois, en songe, le paradis terrestre.

Enfin le meunier et sa mère se montrèrent sur l'autre rive ; l'un jetant l'épervier et pêchant des truites, l'autre trayant sa vache.

— Ah ! ah ! ma petite dame, déjà levée ! dit le farinier. Vous voyez, nous nous occupons de vous. Voilà la vieille mère qui se tourmente de n'avoir rien de bon à vous servir ; mais moi je dis que vous vous contenterez de notre bon cœur. Nous ne sommes ni cuisiniers ni aubergistes, mais quand on a bon appétit d'un côté et bonne volonté de l'autre...

— Vous me traitez cent fois trop bien, mes braves gens, répondit Marcelle en se hasardant sur la planche qui servait de pont, avec Édouard dans ses bras, pour aller les rejoindre ; jamais je n'ai passé une si bonne nuit, jamais je n'ai vu une aussi belle matinée que chez vous. Les belles truites que vous prenez là, monsieur le meunier ! Et vous, la mère, le beau lait blanc et crémeux ! Vous me gâtez, et je ne sais comment vous remercier.

— Nous sommes assez remerciés si vous êtes contente, dit la vieille en souriant. Nous ne voyons jamais du si beau monde que vous, et nous ne connaissons pas beaucoup les compliments ; mais nous voyons bien que vous êtes une personne honnête et sans exigence. Allons, venez à la maison, la galette sera bientôt cuite, et le *petit* doit aimer les fraises. Nous avons un bout de jardin où il s'amusera à les cueillir lui-même.

— Vous êtes si bons, et votre pays est si beau, que je voudrais passer ma vie ici, dit Marcelle avec abandon.

Le Meunier d'Angibault,
éd. de l'Aurore, p. 54-55

Fromentée et gâteau de poires

Mme de Blanchemont suivit ses hôtes à la maison, et trouva un excellent déjeuner servi sur une table massive recouverte d'une nappe bien blanche. La fromentée (le mets favori du pays), pâte compacte de blé crevé dans l'eau et *habillé* dans le lait, le gâteau de poires à la crème poivrée, les truites de la Vauvre, les poulets maigres et tendres, mis tout palpitants sur le gril, la salade à l'huile de noix bouillante, le fromage de chèvre et les fruits un peu verts; tout cela parut exquis au petit Édouard. On avait mis le couvert des deux domestiques et des deux hôtes à la même table que Mme de Blanchemont, et la meunière s'étonnait beaucoup du refus de Lapierre et de Suzette, de s'asseoir à côté de leur maîtresse. Mais Marcelle exigea qu'ils se conformassent à l'usage de la campagne, et elle commença gaiement cette vie d'égalité dont l'idée lui souriait.

Les manières du meunier étaient brusques, ouvertes, et jamais grossières. Celles de sa mère étaient un peu plus obséquieuses, et, malgré les remontrances de Grand-Louis, à qui le bon sens tenait lieu de savoir-vivre, elle persécutait bien un peu ses convives pour les forcer à manger plus que leur appétit ne le comportait; mais il y avait tant de sincérité dans son empressement, que Marcelle ne songea point à la trouver importune. Cette vieille avait du cœur et de l'intelligence, et son fils tenait d'elle à tous égards. Il avait de plus qu'elle un bon fonds d'éducation élémentaire. Il avait suivi l'école primaire; il savait lire et comprendre beaucoup plus de choses qu'il n'était pressé de le faire voir. En causant avec lui, Marcelle trouva plus d'idées justes, de notions saines et de goût naturel, qu'elle n'en eût attendu la veille de la part du grand farinier à sa rencontre dans l'auberge. Tout cela avait d'autant plus de prix que, loin d'en faire montre et d'en tirer vanité, il affectait des manières de paysan plus rudes que celles dont il n'ignorait pas l'usage. On eût dit qu'il craignait par-dessus tout de passer pour un bel esprit de village, et qu'il avait un profond mépris pour ceux qui renient leur bonne race et leur honnête condition, en prenant des airs ridicules. Il parlait avec assez de pureté, à l'ordinaire, sans toutefois dédaigner les locutions naïves et pittoresques du terroir. Quand il s'oubliait, c'est alors qu'il parlait tout à fait bien et qu'on ne sentait plus du tout le meunier. Mais bientôt, comme s'il eût été honteux de s'écarter de sa sphère, il revenait à ses plaisanteries sans fiel et à sa familiarité sans insolence.

Cependant Marcelle fut un peu embarrassée, lorsque le patachon étant revenu se mettre à sa disposition vers sept heures du matin, elle voulut, tout en prenant congé de ses hôtes, payer la dépense qu'elle avait faite chez eux. Ils se refusèrent à rien recevoir.

— Non, ma chère dame, non, lui dit le meunier sans emphase, mais d'un ton ferme; nous ne sommes pas aubergistes. Nous pourrions l'être, ce ne serait pas au-dessous de nous. Mais, enfin, nous ne le sommes pas, et nous ne prendrons rien.

— Comment! dit Marcelle, je vous aurai causé tout ce dérangement et toute cette dépense sans que vous me permettiez de vous indemniser? car je sais que votre mère m'a donné sa chambre, qu'elle a pris votre lit et que vous avez couché dans le foin de votre grenier. Vous vous êtes dérangé de vos occupations ce matin pour pêcher. Votre mère a chauffé le four, elle a pris de la peine, et nous avons fait une certaine consommation chez vous.

— Oh! ma mère a très bien dormi et moi encore mieux, répondit le Grand-Louis. Les truites de la Vauvre ne me coûtent rien; c'est aujourd'hui dimanche, et ces jours-là je pêche toute la matinée. Pour un peu de lait, de pain et de farine qui ont servi à votre déjeuner, avec quelque mauvaise volaille, nous ne serons pas ruinés. Ainsi, le service n'est pas grand, et vous pouvez l'accepter de nous sans regret. Nous ne vous le reprocherons pas, d'autant plus que nous ne vous reverrons peut-être jamais.

— J'espère que si, répondit Marcelle, car je compte rester quelques jours au moins à Blanchemont; je veux revenir remercier votre mère et vous d'une hospitalité si cordiale et que je suis pourtant un peu honteuse d'accepter ainsi.

— Et pourquoi avoir honte de recevoir un petit service des honnêtes gens? Quand on est content de leur bon cœur, on est quitte envers eux. Je sais bien que dans les grandes villes tout se paie, jusqu'à un verre d'eau. C'est une vilaine coutume, et dans nos campagnes, on serait bien malheureux si on ne s'obligeait pas les uns les autres. Allons, allons, n'en parlons plus.

— Mais vous ne voulez donc pas que je revienne vous demander à déjeuner ? vous me forcez à m'abstenir de ce plaisir ou à devenir indiscrète.

— Cela c'est autre chose. Nous n'avons fait que notre devoir, en vous donnant comme vous dites l'hospitalité ; car enfin nous sommes élevés à regarder cela comme un devoir ; et, bien que la bonne coutume s'en aille un peu, bien qu'aujourd'hui les pauvres gens, sans demander qu'on leur paie ces petits services, acceptent presque tout ce qu'on leur donne en partant, nous ne sommes pas d'avis, ma mère et moi, de changer les vieux usages quand ils sont bons. S'il y avait eu aux environs une auberge passable, je vous y aurais conduite hier soir, pensant que vous y seriez mieux que chez nous, et voyant bien que vous aviez le moyen de payer votre gîte. Mais il n'y en a point, ni bonne, ni mauvaise, et, à moins d'être un homme sans cœur, je ne pouvais pas vous laisser passer la nuit dehors. Croyez-vous que je vous aurais invitée à venir chez nous, si j'avais eu l'intention de vous faire payer ? Non, puisque, comme je vous le dis, je ne suis pas aubergiste. Voyez, nous n'avons ni houx, ni genêt à notre porte.

— J'aurais dû remarquer cela en entrant, dit Marcelle, et mettre plus de discrétion dans ma conduite ici. Mais que répondez-vous à ma question ? Vous ne voulez donc pas que je revienne ?

— Cela c'est autre chose. Je vous invite à revenir tant que vous voudrez. Vous trouvez l'endroit joli, votre petit aime nos galettes.

Le Meunier d'Angibault, p. 61-63

Le dîner à la ferme

Désireuse de servir les intérêts de cœur de son nouvel ami, et n'y voyant pas de danger pour Mlle Bricolin, puisque son père et sa grand-mère paraissaient favoriser le Grand-Louis, Mme de Blanchemont affecta de lui parler beaucoup durant le repas, et d'amener la conversation sur les sujets où véritablement son instruction et son intelligence le rendaient très supérieur à toute la famille Bricolin, peut-être à la charmante Rose elle-même. En agriculture, considérée comme science naturelle plus que comme expérimentation commerciale, en politique, considérée comme recherche du bonheur et de la justice humaine; en religion et en morale, le Grand-Louis avait des notions élémentaires, mais justes, élevées, marquées au coin du bon sens, de la perspicacité et de la noblesse de l'âme, qui n'avaient jamais été mises en lumière à la ferme. Les Bricolin n'y avaient jamais que des sujets de conversation grossièrement vulgaires, et tout l'esprit qu'on y dépensait était tourné en propos dénigrants et peu charitables contre le prochain. Grand-Louis, n'aimant ni les lieux communs ni les méchancetés, y parlait peu et n'avait jamais fait remarquer sa capacité. M. Bricolin avait décrété qu'il était fort sot comme tous les beaux hommes, et Rose, qui l'avait toujours trouvé amoureux craintif ou mécontent, c'est-à-dire taquin ou timide, ne pouvait l'excuser de son manque d'esprit qu'en vantant son excellent cœur. On fut donc étonné d'abord de voir Mme de Blanchemont causer avec lui avec une sorte de préférence, et quand elle l'eut amené à oublier le trouble que lui causait la présence de Rose et le mauvais vouloir de sa mère, on fut bien plus étonné encore de l'entendre si bien parler. Cinq ou six fois, M. Bricolin, qui, ne se doutant nullement de son amour pour sa fille, l'écoutait avec bienveillance, fut émerveillé, et s'écria en frappant sur la table :

— Tu sais donc cela, toi? Où diable as-tu pêché tout cela?

— Bah! dans la rivière! répondait Grand-Louis avec gaieté.

Mme Bricolin tomba peu à peu dans un silence sombre en voyant le succès de son ennemi ; elle formait la résolution d'avertir le soir même M. Bricolin de la découverte qu'elle avait faite ou cru faire des sentiments de ce paysan pour *sa demoiselle*.

Quant à la vieille mère Bricolin, elle ne comprenait rien du tout à la conversation ; mais elle trouvait que le meunier parlait comme un livre, parce qu'il assemblait plusieurs phrases de suite, sans hésiter et sans se reprendre. Rose n'avait pas l'air d'écouter, mais elle ne perdait rien ; et involontairement ses yeux s'arrêtaient sur le Grand-Louis. Il y avait là un cinquième Bricolin auquel Marcelle fit peu d'attention. C'était le vieux père Bricolin, vêtu en paysan comme sa femme, mangeant bien, ne disant mot, et n'ayant pas l'air d'en penser davantage. Il était presque sourd, presque aveugle, et paraissait complètement idiot. Sa vieille moitié l'avait amené à table en le conduisant comme un enfant. Elle s'occupait beaucoup de lui, remplissait son assiette et son verre, lui ôtait la mie de son pain, parce que, n'ayant plus de dents, ses gencives, durcies et insensibles, ne pouvaient broyer que les croûtes les plus dures, et ne lui adressait pas une parole, comme si c'eût été peine perdue. Lorsqu'il s'assit, elle lui fit entendre cependant qu'il fallait ôter son chapeau à cause de Mme de Blanchemont. Il obéit, mais ne parut pas comprendre pourquoi, et il le remit aussitôt, liberté que, d'après l'usage du pays, M. Bricolin, son fils, se permit également. Le meunier, qui n'y avait pas dérogé le matin au moulin, fourra cependant son bonnet dans sa poche sans qu'on s'en aperçût, partagé entre un nouvel instinct de déférence que Marcelle lui inspirait pour les femmes, et la crainte de paraître jouer au freluquet pour la première fois de sa vie.

Cependant, tout en admirant ce qu'il appelait le beau *bagout* du grand farinier, M. Bricolin se trouva bientôt d'un autre avis que lui sur toutes choses. En agriculture, il prétendait qu'il n'y avait rien de neuf à tenter, que les savants n'avaient jamais rien découvert, qu'en voulant innover on se ruinait toujours ; que, depuis que *le monde est monde jusqu'au jour d'aujourd'hui*, on avait toujours fait de même, et qu'on ne ferait jamais mieux.

— Bon ! dit le meunier. Et les premiers qui ont fait ce que nous faisons aujourd'hui, ceux qui ont attelé des bœufs pour ouvrir la terre et pour ensemencer, ils ont fait du neuf cependant, et on aurait pu les en empêcher en se persuadant qu'une terre qu'on n'avait jamais cultivée ne deviendrait jamais fertile ?

C'est comme en politique; dites donc, monsieur Bricolin, s'il y a cent ans, on vous avait dit que vous ne paieriez plus ni dîmes ni redevances; que les couvents seraient détruits...

— Bah! bah! je ne l'aurais peut-être pas cru, c'est vrai; mais c'est arrivé parce que ça devait arriver. Tout est pour le mieux *au jour d'aujourd'hui*; tout le monde est libre de faire fortune, et on n'inventera jamais mieux que ça.

— Et les pauvres, les paresseux, les faibles, les *bêtes*, qu'est-ce que vous en faites?

— Je n'en fais rien, puisqu'ils ne sont bons à rien. Tant pis pour eux!

— Et si vous en étiez, monsieur Bricolin, ce qu'à Dieu ne plaise! (vous en êtes bien loin), diriez-vous : « Tant pis pour moi »? Non, non, vous n'avez pas dit ce que vous pensiez, en répondant tant pis pour eux! vous avez trop de cœur et de religion pour ça.

— De la religion, moi? Je m'en moque, de la religion, et toi aussi. Je vois bien que ça essaie de revenir, mais je ne m'en inquiète guère. Notre curé est un bon vivant, et je ne le contrarie pas. Si c'était un cagot, je l'enverrais joliment promener. Qu'est-ce qui croit à toutes ces bêtises-là *au jour d'aujourd'hui*?

— Et votre femme, et votre mère, et votre fille, disent-elles que ce sont des bêtises?

— Oh! ça leur plaît, ça les amuse. Les femmes ont besoin de ça à ce qu'il paraît.

— Et nous autres paysans, nous sommes comme les femmes, nous avons besoin de religion.

— Eh bien! vous en avez une sous la main; allez à la messe, je ne vous en empêche pas, pourvu que vous ne me forciez pas d'y aller.

— Cela peut arriver cependant, si la religion que nous avons redevient fanatique et persécutante comme elle l'a été si fort et si souvent.

— Elle ne vaut donc rien? laissez-la tomber. Je m'en passe bien, moi?

— Mais puisqu'il nous en faut une absolument, à nous autres, c'est donc une autre qu'il faudrait avoir?

— Une autre! une autre! diable! comme tu y vas! Fais-en donc une, toi!

— J'en voudrais avoir une qui empêchât les hommes de se haïr, de se craindre et de se nuire.

— Ça serait neuf, en effet ! J'en voudrais bien une comme ça qui empêcherait mes métayers de me voler mon blé la nuit, et mes journaliers de mettre trois heures par jour à manger leur soupe.

— Cela serait, si vous aviez une religion qui vous commandât de les rendre aussi heureux que vous-même.

— Grand-Louis, vous avez la vraie religion dans le cœur, dit Marcelle.

— C'est vrai, cela ! dit Rose avec effusion.

M. Bricolin n'osa répliquer. Il tenait beaucoup à gagner la confiance de Mme de Blanchemont et à ne pas lui donner mauvaise opinion de lui. Grand-Louis, qui vit le mouvement de Rose, regarda Marcelle avec un œil plein de feu qui semblait dire : Je vous remercie.

Le soleil baissait, et le dîner, qui avait été copieux, touchait à sa fin. M. Bricolin, qui s'appesantissait sur sa chaise, grâce à une large réfection et des rasades abondantes, eût voulu se livrer à son plaisir favori qui était de prendre du café arrosé d'eau-de-vie et entremêlé de liqueurs, pendant deux ou trois heures de la soirée. Mais le Grand-Louis, sur lequel il avait compté pour lui tenir tête, quitta la table et alla se préparer au départ. Mme de Blanchemont alla recevoir les adieux de ses domestiques et régler leurs comptes. Elle leur remit sa lettre pour sa belle-mère, et prenant le meunier à l'écart, elle lui confia celle qui était adressée à Henri, en le priant de la mettre lui-même à la poste.

— Soyez tranquille, dit-il, comprenant qu'il y avait là un peu de mystère ; cela ne sortira de ma main que pour tomber dans la boîte, sans que personne y ait jeté les yeux, pas même vos domestiques, n'est-ce pas ?

— Merci, mon brave Louis.

— Merci ! vous me dites merci, quand c'est moi qui devrais vous dire cela à deux genoux. Allons, vous ne savez pas ce que je vous dois ! Je vais passer par chez nous, et dans deux heures la petite Fanchon sera auprès de vous. Elle est plus propre et plus douce que la grosse Chounette d'ici.

Quand Louis et Lapierre furent partis, Marcelle eut un instant de détresse morale en se trouvant seule à la merci de la famille Bricolin. Elle se sentit fort attristée, et prenant Édouard par la main, elle s'éloigna et gagna un petit bois qu'elle voyait de l'autre côté de la prairie. Il faisait encore grand jour, et le soleil, en s'abaissant derrière le vieux château, projetait au loin l'ombre

49

gigantesque de ses hautes tours. Mais elle n'alla pas loin sans être rejointe par Rose, qui se sentait une grande attraction pour elle, et dont l'aimable figure était le seul objet agréable qui pût frapper ses regards en cet instant.

— Je veux vous faire les honneurs de la garenne, dit la jeune fille ; c'est mon endroit favori, et vous l'aimerez, j'en suis sûre.

— Quel qu'il soit, votre compagnie me le fera trouver agréable, répondit Marcelle en passant familièrement son bras sous celui de Rose.

L'ancien parc seigneurial de Blanchemont, abattu à l'époque de la Révolution, était clos désormais par un fossé profond, rempli d'eau courante, et par de grandes haies vives, où Rose laissa un bout de garniture de sa robe de mousseline, avec la précipitation et l'insouciance d'une fille dont le trousseau est au grand complet. Les anciennes souches des vieux chênes s'étaient couvertes de rejets, et la garenne n'était plus qu'un épais taillis sur lequel dominaient quelques *sujets* épargnés par la cognée, semblables à de respectables ancêtres étendant leurs bras noueux et robustes sur une nombreuse et fraîche postérité. De jolis sentiers montaient et descendaient par des gradins naturels établis sur le roc, et serpentaient sous un ombrage épais quoique peu élevé. Ce bois était mystérieux. On y pouvait errer librement, appuyée au bras d'un amant. Marcelle chassa cette pensée qui faisait battre son cœur, et tomba dans la rêverie en écoutant le chant des rossignols, des linottes et des merles qui peuplaient le bocage désert et tranquille.

La seule avenue que le taillis n'eût pas envahie était située à la lisière extrême du bois, et servait de chemin d'exploitation. Marcelle en approchait avec Rose, et son enfant courait en avant. Tout d'un coup il s'arrêta et revint lentement sur ses pas, indécis, sérieux et pâle.

— Qu'est-ce qu'il y a ? lui demanda sa mère, habituée à deviner toutes ses impressions, en voyant qu'il était combattu entre la crainte et la curiosité.

— Il y a une vilaine femme là-bas, répondit Édouard.

— On peut être vilain et bon, répondit Marcelle. Lapierre est bien bon et il n'est pas beau.

— Oh ! Lapierre n'est pas laid ! dit Édouard, qui, comme tous les enfants, admirait les objets de son affection.

— Donne-moi la main, reprit Marcelle, et allons voir cette vilaine femme.

— Non, non, n'y allez pas, c'est inutile, dit Rose d'un air triste et embarrassé, sans pourtant manifester aucune crainte. Je ne pensais pas qu'*elle* était là.

— Je veux habituer Édouard à vaincre la peur, lui répondit Marcelle à demi-voix.

Et Rose n'osant la retenir, elle doubla le pas. Mais lorsqu'elle fut au milieu de l'avenue, elle s'arrêta, frappée d'une sorte de terreur à l'aspect de l'être bizarre qui venait lentement à sa rencontre.

Le Meunier d'Angibault,
p. 93-97

L'eau-de-vie miracle

Cadoche, le mendiant, a été écrasé pour une voiture, le meunier le ramène au moulin et le soigne.

Quand on déposa le vieillard sur le propre lit du meunier, il tomba en défaillance. On lui fit respirer du vinaigre.

— J'aimerais mieux l'odeur de l'eau-de-vie, dit-il, quand il commença à revenir, c'est plus sain.

On lui en apporta.

— J'aimerais mieux la boire que de la respirer, dit-il, c'est plus fortifiant.

Lémor voulut s'y opposer. Après un tel accident, cet ardent breuvage pouvait et devait provoquer un accès de fièvre terrible. Le mendiant insista. Le meunier essaya de l'en détourner; mais le notaire, qui avait trop étudié sa propre santé pour n'avoir pas quelques préjugés en médecine, déclara que l'eau, dans un tel moment, serait mortelle à un homme qui n'en avait peut-être pas bu une goutte depuis cinquante ans; que l'alcool, étant sa boisson ordinaire, ne pouvait lui faire que du bien, qu'il n'avait pas d'autre mal sérieux que la peur, et que l'excitation d'un *petit-verre* lui remettrait les sens. La meunière et Jeannie, qui comme tous les paysans, croyaient aussi à la vertu infaillible du vin et du *brandevin* dans tous les cas, affirmèrent, comme le notaire, qu'il fallait contenter ce pauvre homme. L'avis de la majorité l'emporta, et pendant qu'on cherchait un verre, Cadoche, qui se sentait dévoré réellement par la soif qu'excitent les grandes souffrances, porta précipitamment la bouteille à ses lèvres et en avala d'un trait plus de la moitié.

— C'est trop, c'est trop! dit le meunier en l'arrêtant.

— Comment, mon neveu! répondit le mendiant avec la dignité d'un père de famille réclamant l'exercice légitime de son autorité, tu me mesures ma part chez toi? Tu *chichottes* sur les secours que mon état réclame?

Ce reproche injuste vainquit la prudence du simple et bon meunier. Il laissa la bouteille à côté du mendiant en lui disant :

— Gardez ça pour plus tard, mais à présent, c'est assez.

— Tu es un bon parent et un digne neveu ! dit Cadoche, qui parut tout à coup comme ressuscité par l'eau-de-vie ; et si je dois en mourir, je préfère que ce soit chez toi, parce que tu me feras faire un enterrement convenable. J'ai toujours aimé ça, un bel enterrement ! Écoute, mon neveu, garçons de moulin, notaire !... je vous prends tous à témoin, j'ordonne à mon neveu et à mon héritier, Grand-Louis d'Angibault, de me faire porter en terre ni plus ni moins honorablement qu'on le fera sans doute bientôt pour le vieux Bricolin de Blanchemont... qui me survivra de peu, malgré qu'il soit plus jeune... mais qui s'est laissé brûler les jambes dans le temps... Ah ! ah ! dites donc, vous autres, faut-il être bête pour se laisser *rôtir les quilles* pour de l'argent qu'on a en dépôt ! Il est vrai qu'il y en avait du sien avec, dans le pot de fer !...

— Qu'est-ce qu'il dit donc ? dit le notaire qui s'était assis devant une table et qui n'était pas trop fâché de voir la meunière préparer du thé pour le malade, comptant en avaler aussi une tasse bien chaude pour se préserver des vapeurs du soir au bord de la Vauvre. Qu'est-ce qu'il nous chante avec ses quilles rôties et son pot de fer ?

— Je crois qu'il bat la campagne, répondit le meunier. Au reste, quand il ne serait ni soûl ni malade, il est assez vieux pour radoter, et les histoires de sa jeunesse l'occupent plus que celles d'hier. C'est l'habitude des vieillards. Comment vous sentez-vous, mon oncle ?

— Je me sens bien mieux depuis cette petite goutte, quoique ton *brandevin* soit diablement fade ! M'aurait-on fait la niche d'y mettre de l'eau par économie ? Écoute, mon neveu, si tu me refuses quelque chose pendant ma maladie, je te déshérite !

Le Meunier d'Angibault, p. 240-241

Le souper de dame Janille

Enfin, après avoir traversé une partie du préau et plusieurs vastes salles obscures, ouvertes à tous les vents, on se trouva dans une petite pièce oblongue, voûtée, et qui avait pu, autrefois, servir d'office ou de cellier entre les cuisines et les écuries. Cette pièce, proprement reblanchie, servait désormais de salon et de salle à manger au seigneur de Châteaubrun. On y avait récemment pratiqué une petite cheminée à manteau et à chambranles de bois bien ciré et luisant; la vaste plaque de fonte qui en remplissait tout le foyer, et qui avait été enlevée à quelqu'une des grandes cheminées du manoir, ainsi que les gros chenets de fer poli, renvoyaient splendidement la chaleur et la lumière du feu dans cette chambre nue et blanche, qui, avec le secours d'une petite lampe de fer-blanc, se trouvait ainsi parfaitement éclairée. Une table de châtaignier, qui pouvait, dans les grandes occasions, porter jusqu'à six couverts, quelques chaises de paille, et un coucou d'Allemagne, acheté six francs à un colporteur, composaient tout l'ameublement de ce salon modeste. Mais tout cela était d'une propreté recherchée; la table et les chaises grossièrement travaillées par quelque menuisier de la localité avaient un éclat qui attestait les services assidus de la serge et de la brosse. L'âtre était balayé avec soin, le carreau sablé à l'anglaise contrairement aux habitudes du pays, et, dans un pot de grès placé sur la cheminée, s'étalait un énorme bouquet de roses, mêlées à des fleurs sauvages cueillies sur les collines d'alentour.

Cet intérieur modeste n'avait, au premier coup d'œil, aucun caractère *cherché* dans le genre poétique ou pittoresque; cependant, en l'examinant mieux, on eût pu voir que, dans cette demeure, comme dans toutes celles de tous les hommes, le caractère et le goût naturel de la personne créatrice avaient présidé, soit au choix, soit à l'arrangement du local. Le jeune homme, qui y pénétrait pour la première fois, et qui s'y trouva seul un instant, tandis que ses hôtes s'occupaient de lui préparer la meilleure réception possible, se forma bientôt une idée assez juste de la situation d'esprit des habitants de cette retraite. Il était évident qu'on avait eu des habitudes d'élégance, et qu'on avait encore des besoins de bien-être ; que, dans une condition fort précaire, on avait eu le bon sens de proscrire toute espèce de vanité extérieure ; enfin qu'on avait choisi, pour point de réunion, parmi le peu de chambres restées intactes dans ce vaste domaine, la plus facile à entretenir, à chauffer, à meubler et à éclairer, et que, par instinct, on avait pourtant donné la préférence à une construction élégante et mignonne. En effet, ce petit coin était le premier étage d'un pavillon carré, adjoint, vers la fin de la Renaissance, aux antiques constructions qui défendaient la face principale du préau. L'artiste qui avait composé cette tourelle angulaire s'était efforcé d'adoucir la transition de deux styles si différents ; il avait rappelé pour la forme des fenêtres le système défensif des meurtrières et des ouvertures d'observation ; mais on voyait bien que ces fenêtres, petites et rondes, n'avaient jamais été destinées à pointer le canon, et qu'elles n'étaient qu'un ornement pour la vue. Élégamment revêtues de briques rouges et de pierres blanches alternées, elles formaient un joli encadrement à l'intérieur, et diverses niches, ornées de même, disposées régulièrement entre chaque croisée, rendaient inutiles les papiers, les tentures et même les meubles qui eussent chargé ces parois sans ajouter à leur aspect agréable et simple.

Sur une de ces niches, dont une dalle, bien blanche et luisante comme du marbre, formait la base, à hauteur d'appui, le voyageur vit un joli petit rouet rustique avec la quenouille chargée de laine brune ; et, en contemplant cet instrument de travail si léger et si naïf il se perdit dans des réflexions dont il fut tiré par le frôlement d'un vêtement de femme derrière lui. Il se retourna vivement ; mais, aux palpitations qui s'étaient emparées de son jeune cœur, succéda une grave déception. C'était une vieille servante qui venait d'entrer sans bruit, grâce au sablon qui couvrait le sol, et qui se penchait pour jeter dans la cheminée une brassée de sarment de vigne sauvage.

— Approchez-vous du feu, Monsieur, dit la vieille en grasseyant avec une sorte d'affectation, et donnez-moi votre casquette et votre manteau, afin que j'aille les faire sécher dans la cuisine. Voilà un bon manteau pour la pluie ; je ne sais plus comment on appelle cette étoffe-là, mais j'en ai déjà vu à Paris.

Voilà qui ferait plaisir d'en voir un pareil sur les épaules de M. le comte! Mais cela doit coûter cher, et d'ailleurs il n'est pas dit qu'il voulût s'en servir. Il croit qu'il a toujours vingt-cinq ans, et il prétend que l'eau du ciel n'a jamais enrhumé un honnête homme; pourtant, l'hiver dernier, il a commencé à sentir un peu de sciatique... Mais ce n'est pas à votre âge qu'on craint ces douleurs-là. N'importe, chauffez-vous les reins; tenez, tournez votre chaise comme cela, vous serez mieux. Vous êtes de Paris, j'en suis sûre; je vois cela à votre teint qui est trop frais pour notre pays; bon pays, Monsieur, mais bien chaud en été et bien froid en hiver. Vous me direz que, ce soir, il fait aussi froid que par une nuit de novembre: c'est la vérité, que voulez-vous? c'est l'orage qui en est cause. Mais cette petite salle est bien bonne, bien facile à réchauffer, et, dans un moment, vous m'en direz des nouvelles. Avec cela, nous avons le bonheur que le bois mort ne nous manque pas. Il y a tant de vieux arbres ici, et rien qu'avec les ronces qui poussent dans la cour, on peut chauffer le four pendant tout l'hiver. Il est vrai que nous ne faisons jamais de grosses fournées: M. le comte est un petit mangeur, et sa fille est comme lui; le petit domestique est le plus vorace de la maison: oh! pour lui, il lui faut trois livres de pain par jour; mais je lui fais sa miche à part, et je n'y épargne pas le seigle. C'est assez bon pour lui, et même avec un peu de son, ça étoffe le pain, et ça n'est pas mauvais pour la santé. Hé! hé! ça vous fait rire? et moi aussi. Moi, voyez-vous, j'ai toujours aimé à rire et à causer: l'ouvrage n'en va pas moins vite; car j'aime la vitesse en tout. M. Antoine est comme moi; quand il a parlé, il faut qu'on marche comme le vent. Aussi nous avons toujours été d'accord sur ce point-là. Vous nous excuserez, Monsieur, si on vous fait attendre un peu. Monsieur est descendu à la cave avec l'homme qui vous a amené, et l'escalier est si dégradé qu'on n'y arrive pas vite; mais c'est une belle cave, Monsieur; les murs ont plus de dix pieds d'épaisseur, et quand on est là-dedans, c'est si profond sous la terre, qu'on se croit enterré vivant. Vrai! ça fait un drôle d'effet. On dit que, dans le temps, on mettait là les prisonniers de guerre; à présent, nous n'y mettons personne, et notre vin s'y conserve très bien. Ce qui nous retarde aussi, c'est que notre fille est déjà couchée: elle a eu la migraine aujourd'hui, parce qu'elle a été au soleil sans chapeau. Elle dit qu'elle veut s'habituer à cela, et que puisque je me passe bien de chapeau et d'ombrelle, elle peut bien s'en passer aussi; mais elle se trompe: elle a été élevée en demoiselle, comme elle devait l'être, la pauvre enfant ! car, quand je dis notre fille, ce n'est pas que je sois la mère à mademoiselle Gilberte : elle ne me ressemble pas plus que le chardonneret ne ressemble à un moineau franc ; mais comme je l'ai élevée, j'ai toujours gardé l'habitude de l'appeler ma fille ; elle n'a jamais voulu souffrir que je cesse de la tutoyer. C'est une enfant si aimable ! Je suis fâchée qu'elle soit au lit ; mais vous la verrez demain, car vous ne partirez pas sans déjeuner, on ne le souffrira pas, et elle m'aidera à vous servir un peu mieux que je ne peux le faire toute seule. Ce n'est pas pourtant le courage qui me manque, Monsieur, car j'ai de bonnes jambes ; je suis restée mince comme vous voyez, dans ma petite taille, et vous ne me donneriez jamais l'âge que j'ai... Voyons ! quel âge me donneriez-vous bien ?

Le jeune homme croyait que, grâce à cette question, il allait pouvoir placer une parole, un compliment pour remercier et pour entrer en matière, car il désirait beaucoup avoir de plus amples détails sur mademoiselle Gilberte ; mais la bonne femme n'attendit pas sa réponse, et reprit avec volubilité :

— J'ai soixante-quatre ans, Monsieur, du moins je les aurai à la Saint-Jean, et je fais plus d'ouvrage à moi seule que trois jeunesses n'en sauraient faire. J'ai le sang vif, moi, Monsieur ! Je ne suis pas du Berry ; je suis née en Marche, à plus d'une demi-lieue d'ici ; aussi ça se voit et ça se connaît. Ah ! vous regardez l'ouvrage de notre fille ? Savez-vous que c'est filé aussi égal et aussi menu que la meilleure fileuse de campagne ? Elle a voulu que je lui apprenne à filer la laine : « Tiens, mère, qu'elle m'a dit (car elle m'appelle toujours comme ça ; la pauvre enfant n'a jamais connu la sienne, et m'a toujours aimée comme si c'était moi, quoique nous nous ressemblions à peu près comme une rose ressemble à une ortie), tiens, mère, qu'elle a dit, ces broderies, ces dessins, toutes ces niaiseries qu'on m'a enseignées au couvent ne serviraient à rien ici. Apprends-moi à filer, à tricoter et à coudre, afin que je t'aide à faire les vêtements de mon père... »

Au moment où le monologue infatigable de la bonne femme commençait à devenir intéressant pour son auditeur fatigué, elle sortit comme elle avait déjà fait plusieurs fois, car elle ne restait pas un moment en place, et tout en pérorant, elle avait couvert la table d'une grosse nappe blanche, et avait servi les assiettes, les verres et les couteaux ; elle avait rebalayé l'âtre, ressuyé les chaises et rallumé le feu dix fois, reprenant toujours son soliloque à l'endroit où elle l'avait laissé. Mais cette fois, sa voix, qui commençait à grasseyer dans le couloir voisin, fut couverte par d'autres voix plus accentuées, et le comte de Châteaubrun, accompagné du paysan qui avait introduit notre voyageur, se présenta enfin à ses regards, chacun portant deux grands brocs de grès, qu'ils placèrent sur la table. Ce fut alors seulement que le jeune homme put voir distinctement les traits de ces deux personnages.

M. Châteaubrun était un homme de cinquante ans, de moyenne taille, d'une belle et noble figure, large d'épaules, avec un cou de taureau, des membres d'athlète, un teint basané au moins autant que celui de son acolyte, et de larges mains durcies, hâlées, gercées à la chasse, au soleil, au grand air ; mains de braconnier s'il en fut, car le bon seigneur avait trop peu de terres pour ne pas chasser sur celles des autres.

Il avait la face épanouie, ouverte et souriante ; la jambe ferme et la voix de stentor. Son solide costume de chasseur, propre, quoique rapiécé au coude, sa grosse chemise de toile de chanvre, ses guêtres de cuir, sa barbe grisonnante qui attendait patiemment le dimanche, tout en lui dénotait l'habitude d'une vie rude et sauvage, tandis que son agréable physionomie, ses manières rondes et affectueuses, et une aisance qui n'était pas sans mélange de dignité, rappelaient le gentilhomme courtois et l'homme habitué à protéger et à assister plutôt qu'à l'être.

Son compagnon le paysan n'était pas à beaucoup près aussi propre. L'orage et les mauvais chemins avaient fort endommagé sa blouse et sa chaussure. Si la barbe du seigneur avait bien sept ou huit jours de date, celle du villageois en avait bien quatorze ou quinze. Celui-ci était maigre, osseux, agile, plus grand de quelques pouces, et quoique sa figure exprimât aussi la bonté et la cordialité, elle avait, si l'on peut parler ainsi, des éclairs de malice, de tristesse ou de sauvagerie hautaine. Il était évident qu'il avait plus d'intelligence ou qu'il était plus malheureux que le seigneur de Châteaubrun.

— Allons, Monsieur, dit le gentilhomme, êtes-vous un peu séché ? Vous êtes le bienvenu ici, et mon souper est à votre disposition.

— Je suis reconnaissant de votre généreux accueil, répondit le voyageur, mais je craindrais de manquer à la bienséance si je ne vous faisais savoir d'abord qui je suis.

— C'est bien, c'est bien, reprit le comte, que nous appellerons désormais tout simplement M. Antoine, comme on l'appelait généralement dans la contrée ; vous me direz cela plus tard, si vous le désirez : quant à moi, je n'ai pas de questions à vous faire, et je prétends remplir les devoirs de l'hospitalité sans vous faire décliner vos noms et qualités. Vous êtes en voyage, étranger dans le pays, surpris par une nuit d'enfer à la porte de ma demeure : voilà vos titres et vos droits. Par-dessus le marché, vous avez une agréable figure et un air qui me plaît ; je crois donc que je serai récompensé de ma confiance par le plaisir d'avoir obligé un brave garçon. Allons, asseyez-vous, mangez et buvez.

— C'est trop de bontés, et je suis touché de votre manière franche et affable d'accueillir les voyageurs. Mais je n'ai besoin de rien, Monsieur, et c'est bien assez que vous me permettiez d'attendre ici la fin de l'orage. J'ai soupé à Éguzon il n'y a guère plus d'une heure. Ne faites donc rien servir pour moi, je vous en conjure.

— Vous avez soupé déjà ? mais ce n'est pas là une raison ! Êtes-vous donc de ces estomacs qui ne peuvent digérer qu'un repas à la fois ? À votre âge, j'aurais soupé à toutes les heures de la nuit si j'en avais trouvé l'occasion. Une course à cheval et l'air de la montagne, c'est bien assez pour renouveler l'appétit. Il est vrai qu'à cinquante ans on a l'estomac moins complaisant ; aussi, moi, pourvu que j'aie un demi-verre de bon vin avec une croûte de pain rassis, je me tiens pour bien traité. Mais ne faites pas de façons ici. Vous êtes venu à point, j'allais me mettre à table, et ma pauvre *petite* ayant la migraine aujourd'hui, nous étions tout tristes, Janille et moi, de manger tête à tête : votre arrivée est donc une consolation pour nous, ainsi que celle de ce brave garçon, mon ami d'enfance, que je reçois toujours avec plaisir. Allons, toi, assieds-toi là à mon côté, dit-il en s'adressant au paysan, et vous, mère Janille, vis-à-vis de moi. Faites les honneurs : car vous savez que j'ai la main malheureuse, et que quand je me mêle de découper, je taille en deux le rôt, l'assiette, la nappe, voire un peu de la table, et cela vous fâche.

Le souper que dame Janille avait étalé sur la table d'un air de complaisance, se composait d'un fromage de chèvre, d'un fromage de brebis, d'une assiettée de noix, d'une assiettée de pruneaux, d'une grosse tourte de pain bis, et des quatre cruches de vin apportées par le maître en personne. Les convives se mirent bien vite à déguster ce repas frugal avec une satisfaction évidente, à l'exception du voyageur, qui n'avait aucun appétit, et qui se contentait d'admirer la bonne grâce avec laquelle le digne châtelain le conviait, sans embarras et sans fausse honte, à son splendide ordinaire. Il y avait dans cette aisance affectueuse et naïve quelque chose de paternel et d'enfantin en même temps qui gagna le cœur du jeune homme.

Fidèle à la loi de générosité qu'il s'était imposée, M. Antoine ne fit aucune question à son hôte, et même évita toute réflexion qui eût pu ressembler à une curiosité déguisée. Le paysan paraissait un peu plus inquiet, et se tenait sur la réserve. Mais bientôt, entraîné par l'espèce de causerie générale que M. Antoine et dame Janille avaient entamée, il se mit à l'aise et laissa remplir son verre si souvent, que le voyageur commença à regarder avec étonnement un homme capable de boire ainsi sans perdre non seulement l'usage de sa raison, mais encore l'habitude de son sang-froid et de sa gravité.

Quant au châtelain, ce fut une autre affaire. A peine eut-il bu la moitié du broc placé auprès de lui, qu'il commença à avoir l'œil animé, le nez vermeil et la main peu sûre. Cependant il ne déraisonna point, même après que tous les brocs furent vidés par lui et son ami le paysan; car Janille, soit par économie, soit par sobriété naturelle, mit à peine quelques gouttes de vin dans son eau, et le voyageur, ayant fait un effort héroïque pour avaler la première rasade, s'abstint de ce breuvage aigre, trouble et détestable.

Ces deux campagnards paraissaient pourtant le boire avec délices. Au bout d'un quart d'heure, Janille, qui ne pouvait vivre sans remuer, quitta la table, prit son tricot et se mit à travailler au coin du feu, grattant à chaque instant ses tempes avec son aiguille, sans toutefois déranger les minces bandeaux de cheveux encore noirs qui dépassaient un peu sa coiffe. Cette vieille, proprette et menue, pouvait avoir été jolie; son profil délicat ne manquait pas de distinction, et si elle n'eût été maniérée, et préoccupée de faire la capable et la gentille, notre voyageur l'eût prise aussi en affection.

Les autres personnages qui, en l'absence de la *demoiselle*, complétaient l'intérieur de M. Antoine étaient, l'un un petit paysan, d'une quinzaine d'années, à la mine éveillée, au pied leste, qui remplissait les fonctions de factotum; l'autre, un vieux chien de chasse, à l'œil terne, au flanc maigre, à l'air mélancolique et rêveur; couché auprès de son maître, il s'endormait philosophiquement entre chaque bouchée que celui-ci lui présentait en l'appelant *monsieur* d'un air gravement facétieux.

Le Péché de Monsieur Antoine,
éd. de l'Aurore, 1982, p. 45-49

Les confitures de dame Janille

Cette fois le déjeuner fut un peu plus confortable que de coutume à Châteaubrun. Janille avait eu le temps de faire quelques préparatifs. Elle s'était procuré du laitage, du miel, des œufs, et elle avait bravement sacrifié deux poulets qui chantaient encore lorsque Émile avait paru sur le sentier, mais qui, mis tout chauds sur le gril, furent assez tendres.

Le jeune homme avait gagné de l'appétit dans le verger et trouva ce repas excellent. Les éloges qu'il y donna flattèrent beaucoup Janille, qui s'assit comme de coutume en face de son maître et fit les honneurs de la table avec une certaine distinction.

Elle fut surtout fort touchée de l'approbation que son hôte donna à des confitures de mûres sauvages confectionnées par elle.

— Petite mère, lui dit Gilberte, il faudra envoyer un échantillon de ton savoir-faire et ta recette à madame Cardonnet, pour qu'elle nous accorde en échange du plant de fraises ananas.

— Ça ne vaut pas le diable, vos grosses fraises de jardin, répondit Janille ; ça ne sent que l'eau. J'aime bien mieux nos petites fraises de montagnes, si rouges et si parfumées. Cela ne m'empêchera pas de donner à M. Émile un grand pot de mes confitures pour *sa maman*, si elle veut bien les accepter.

— Ma mère ne voudrait pas vous en priver, ma chère demoiselle Janille, répondit Émile, touché surtout de la naïve générosité de Gilberte, et comparant dans son cœur les bonnes intentions candides de cette pauvre famille avec les dédains de la sienne.

— Oh ! reprit Gilberte en souriant, cela ne nous privera pas. Nous avons et nous pouvons recommencer une ample provision de ces fruits. Ils ne sont pas rares chez nous, et si nous n'y prenions garde, les ronces qui les produisent perceraient nos murs et pousseraient jusque dans nos chambres.

— Et à qui la faute, dit Janille, si les ronces nous envahissent ? N'ai-je pas voulu les couper toutes ? Certainement j'en serais venue à bout sans l'aide de personne, si on m'eût laissé faire.

— Mais moi, j'ai protégé ces pauvres ronces contre toi, chère petite mère ! Elles forment de si belles guirlandes autour de nos ruines, que ce serait grand dommage de les détruire.

— Je conviens que cela fait un joli effet, reprit Janille, et qu'à dix lieues à la ronde on ne trouverait pas d'aussi belles ronces, et produisant des fruits aussi gros !

— Vous l'entendez, monsieur Émile ! dit à son tour M. Antoine. Voilà Janille tout entière. Il n'y a rien de beau, de bon, d'utile et de salutaire qui ne se trouve à Châteaubrun. C'est une grâce d'état.

— Pardine, Monsieur, plaignez-vous, dit Janille ; oui, je vous le conseille, plaignez-vous de quelque chose !

— Je ne me plains de rien, répondit le bon gentilhomme : à Dieu ne plaise ! entre ma fille et toi, que pourrais-je désirer pour mon bonheur ?

— Oh ! oui ; vous dites comme cela quand on vous écoute, mais si on a le dos tourné, et qu'une petite mouche vous pique, vous prenez des airs de résignation tout à fait déplacés dans votre position.

— Ma position est ce que Dieu l'a faite ! répondit M. Antoine avec une douceur un peu mélancolique. Si ma fille l'accepte sans regret, ce n'est ni toi, ni moi, qui accuserons la Providence.

— Moi ! s'écria Gilberte ; quel regret pourrais-je donc avoir ? Dites-le-moi, cher père ; car, pour moi, je chercherais en vain ce qui me manque et ce que je puis désirer de mieux sur la terre.

— Et moi je suis de l'avis de mademoiselle, dit Émile, attendri de l'expression sincère et noblement affectueuse de ce beau visage. Je suis certain qu'elle est heureuse, parce que...

— Parce que ?... Dites, monsieur Cardonnet ! reprit Gilberte avec enjouement, vous alliez dire pourquoi, et vous vous êtes arrêté ?

— Je serais au désespoir d'avoir l'air de vouloir dire une fadeur, répondit Émile en rougissant presque autant que la jeune fille ; mais je pensais que quand on avait ces trois richesses, la beauté, la jeunesse et la bonté, on devait être heureux, parce qu'on pouvait être sûr d'être aimé.

— Je suis donc encore plus heureuse que vous ne pensez, répondit Gilberte en mettant une de ses mains dans celle de son père et l'autre dans celle de Janille ; car je suis aimée sans qu'il soit question de tout cela. Si je suis belle et bonne, je n'en sais rien ; mais je suis sûre que, laide et maussade, mon père et ma mère m'aimeraient encore quand même. Mon bonheur vient donc de leur bonté, de leur tendresse, et non de mon mérite.

— On vous permettra pourtant de croire, dit M. Antoine à Émile, tout en pressant sa fille sur son cœur, qu'il y a un peu de l'un et un peu de l'autre.

— Ah ! monsieur Antoine ! qu'avez-vous fait là ? s'écria Janille ; voilà encore une de vos distractions ! Vous avez fait une tache avec votre œuf sur la manche de Gilberte.

— Ce n'est rien, dit M. Antoine ; je vais la laver moi-même.

— Non pas ! non pas ! ce serait pire ; vous répandriez sur elle toute la carafe, et vous noieriez ma fille. Viens ici, mon enfant, que j'enlève cette tache. J'ai horreur des taches, moi ! Ne serait-ce pas dommage de gâter cette jolie robe toute neuve ?

Émile regarda pour la première fois la toilette de Gilberte. Il n'avait encore fait attention qu'à sa taille élégante et à la beauté de sa personne. Elle était vêtue d'un coutil gris très frais, mais assez grossier, avec un petit fichu blanc comme neige, rabattu autour du cou. Gilberte remarqua cette investigation, et, loin d'en être humiliée, elle mit un peu d'orgueil à dire que sa robe lui plaisait, qu'elle était de bonne qualité, qu'elle pouvait braver les épines et les ronces, et que, Janille l'ayant choisie elle-même, aucune étoffe ne pouvait lui être plus agréable à porter.

— Cette robe est charmante, en effet, dit Émile ; ma mère en a une toute pareille.

Ce n'était pas vrai ; Émile, quoique sincère, fit ce petit mensonge sans s'en apercevoir. Gilberte n'en fut pas dupe, mais elle lui sut gré d'une intention délicate.

Quant à Janille, elle fut visiblement flattée d'avoir eu bon goût, car elle tenait presque autant à ce mérite qu'à la beauté de Gilberte.

Le Péché de Monsieur Antoine, p. 103-104

Repas dans les bois chez les maîtres sonneurs

Je n'eus point de peine à retrouver le chemin des loges, car c'est comme cela qu'on appelle les cabioles des ouvriers forestiers.

Celle des Huriel était la plus grande et la mieux construite, formant deux chambres, dont une pour Thérence. Au-devant régnait une façon de hangar, tuilé en verts balais, qui servait à l'abriter beaucoup du vent et de la pluie ; des planches de sciage, posées sur des souches, formaient une table dressée à l'occasion.

Pour l'ordinaire, la famille Huriel ne vivait que de pain et de fromage, avec quelques viandes salées, une fois le jour. Ce n'était point avarice ni misère, mais habitude de simplicité, ces gens des bois trouvant inutile et ennuyeux notre besoin de manger chaud et d'employer les femmes à cuisiner depuis le matin jusqu'au soir.

Cependant, comptant sur l'arrivée de la mère à Joseph, ou sur celle du père Brulet, Thérence avait souhaité leur donner leurs aises, et, dès la veille, s'était approvisionnée à Mesples. Elle venait d'allumer le feu sur la clairière et avait convié ses voisines à l'aider. C'étaient deux femmes de bûcheux, une vieille et une laide. Il n'y en avait pas plus dans la forêt, ces gens n'ayant ni la coutume ni le moyen de se faire suivre aux bois, de leurs familles.

Les loges voisines, au nombre de six, renfermaient une douzaine d'hommes, qui commençaient à se rassembler sur un tas de fagots pour souper en compagnie les uns des autres, de leur pauvre morceau de lard et de leur pain de seigle ; mais le grand bûcheux, allant à eux, devant que de rentrer chez lui poser ses outils et son tablier, leur dit avec son air de brave homme :

— Mes frères, j'ai aujourd'hui compagnie d'étrangers que je ne veux point faire pâtir de nos coutumes ; mais il ne sera pas dit qu'on mangera le rôti et boira le vin de Sancerre à la loge du grand bûcheux sans que tous ses amis y aient part. Venez, je veux vous mettre en bonne connaissance avec mes hôtes, et ceux de vous qui me refuseront me feront de la peine.

Personne ne refusa, et nous nous trouvâmes rassemblés une vingtaine, je ne peux pas dire autour de la table, puisque ce monde-là ne tient point à ses aises, mais assis, qui sur une pierre, qui sur l'herbage, l'un couché de son long sur des copeaux, l'autre juché sur un arbre tordu, et tous plus ressemblants, sans comparaison du saint baptême, à un troupeau de sangliers qu'à une compagnie de chrétiens.

Cependant la belle Thérence, allant et venant, ne paraissait pas encore vouloir nous donner attention, lorsque son père, qui l'avait appelée sans qu'elle eût fait mine d'entendre, l'accrocha au passage, et, l'amenant malgré elle, nous la présenta.

— Pardonnez-lui, mes amis, nous dit-il; c'est une enfant sauvage, née et élevée au fond des bois. Elle a honte, mais elle en reviendra, et je vous demande, Brulette, de l'encourager, car elle gagne à être connue.

Là-dessus, Brulette, qui n'était embarrassée ni mal disposée, ouvrit ses deux bras et les jeta au cou de Thérence, laquelle, n'osant se défendre, mais ne sachant se livrer, resta ferme à la voir venir, et releva seulement sa tête et son regard jusqu'alors fiché en terre. En cette position, se voyant de près l'une l'autre, les yeux dans les yeux, et quasi joue contre joue, elles me firent penser de deux jeunes taures, l'une desquelles avance le front pour folâtrer, tandis que l'autre, défiante et déjà malicieuse de son encornure, l'attend pour la heurter traîtreusement.

Mais Thérence parut tout à coup gagnée par le regard doux de Brulette, et, retirant sa figure, elle la laissa tomber sur l'épaule de cette belle, pour cacher des pleurs qui lui remplirent les yeux.

— Ma foi, dit le père Bastien en raillant et caressant sa fille, voilà ce qui s'appelle être farouche. Je n'aurais jamais cru que la honte des fillettes pût aller jusqu'aux larmes. Mais, comprenez quelque chose aux enfants, si vous pouvez! Allons, Brulette, vous me paraissez plus raisonnable; suivez-la, et ne la lâchez qu'elle ne vous ait parlé: il n'y a que le premier mot qui coûte.

— À la bonne heure, dit Brulette, je l'aiderai, et, au premier mot de commandement qu'elle me voudra dire, je lui obéirai si bien, qu'elle me pardonnera de lui avoir fait peur.

Et tandis qu'elles s'en allaient ensemble, le grand bûcheux me dit:

— Voyez un peu ce que c'est que les femmes! La moins

coquette (et ma Thérence est de celles-là) ne se peut trouver en face d'une rivale en beauté, sans être, ou échauffée de dépit, ou glacée de peur. Les plus belles étoiles font bon ménage côte à côte dans le ciel; mais, de deux filles de la mère Ève, il y en a toujours une au moins qui est gênée par la comparaison qu'on peut lui faire de l'autre.

— Je pense, mon père, dit Huriel, que vous ne rendez point justice à Thérence pour le moment. Elle n'est ni honteuse ni envieuse. Et il ajouta en baissant la voix :

— Je crois que je sais ce qui la chagrine, mais le mieux sera de n'y pas faire attention.

On apporta de la viande grillée, des champignons jaunes très beaux, dont je ne pus me décider à goûter, encore que je visse tout ce monde en manger sans crainte; des œufs fricassés avec diverses sortes d'herbes fortes, des galetons de blé noir, et des fromages de Chambérat, renommés en tout le pays. Tous les assistants firent bombance, mais d'une manière bien différente de la nôtre. Au lieu de prendre leur temps et de ruminer chaque morceau, ils avalaient quatre à quatre comme gens affamés, ce qui, chez nous, n'eût point paru convenable, et ils n'attendirent point d'être repus pour chanter et danser au beau milieu du festin.

Ces gens, d'un sang moins rassis que le nôtre, semblaient ne pouvoir tenir en place. Ils ne patientaient point le temps qu'on leur fît offre de quelque plat. Ils apportaient leur pain pour recevoir le fricot dessus, refusaient les assiettes, et retournaient se percher ou se coucher; d'aucuns aussi mangeaient debout, d'autres en causant et gesticulant, chacun racontant son histoire ou disant sa chansonnette. C'était comme abeilles bourdonnant autour de la ruche; j'en étais étourdi et ne me sentais pas festiner.

Malgré que le vin fût bon et que le grand bûcheux ne l'épargnât point, personne n'en prit plus qu'il ne fallait, chacun étant à sa tâche et ne voulant point se mettre à bas pour le travail du lendemain. Aussi la fête dura peu; et, bien qu'au milieu elle parût vouloir être folle, elle finit de bonne heure et tranquillement. Le bûcheux reçut grands compliments pour ses honnêtetés, et l'on voyait bien qu'il avait commandement naturel sur toute la bande, non point seulement par son moyen, mais aussi par son bon cœur et sa bonne tête.

On nous fit beaucoup d'avances d'amitié et d'offres de service, et je dois reconnaître que ces gens étaient plus ouverts et plus prévenants que ceux de chez nous. J'observai qu'Huriel les amenait, l'un après l'autre, auprès de Brulette, les lui présentant par leurs noms, et leur enjoignant de la regarder ni plus ni moins que comme sa sœur, d'où elle reçut tant de révérences et de politesses, qu'elle n'avait jamais été si bien fêtée dans notre village.

Quand l'heure de dormir fut venue, le grand bûcheux m'offrit de partager sa chambre. Joset avait sa loge voisine de la nôtre, mais elle était plus petite et nous aurions pu y être gênés. Je suivis donc mon hôte, d'autant plus volontiers que j'étais enchargé de veiller de près sur Brulette; mais je vis, en entrant dans la loge, qu'elle ne courait aucun risque, car elle devait partager la couche de la belle Thérence, et le muletier, fidèle à ses habitudes, s'était déjà couché dehors en travers de la porte, si bien que ni loup ni voleur n'en eût pu approcher.

Les Maîtres sonneurs,
éd. Gallimard, Folio, p. 222-226

CHÂTEAUX, FERMES ET AUBERGES

Ripailles féodales

On fit entrer toute la contrée dans l'espèce de scission qu'on avait faite avec la loi, et on effraya tellement les fonctionnaires chargés de la faire respecter qu'elle tomba en peu d'années dans une véritable désuétude : de sorte que, tandis qu'à une faible distance de ce pays la France marchait à grands pas vers l'affranchissement des classes pauvres, la Varenne suivait une marche rétrograde, et retournait à plein collier vers l'ancienne tyrannie des hobereaux. Il fut bien aisé aux Mauprat de pervertir ces pauvres gens : ils affectèrent de se populariser, afin de contraster avec les autres nobles de la province, qui conservaient dans leurs manières la hauteur de leur antique puissance. Mon grand-père ne perdait pas surtout cette occasion de faire partager aux paysans son animadversion contre son cousin Hubert de Mauprat. Tandis que celui-ci donnait audience à ses chevanciers, lui assis dans son fauteuil, eux debout et la tête nue, Tristan de Mauprat les faisait asseoir à sa table, goûtait avec eux le vin qu'ils lui apportaient en hommage volontaire, et les faisait reconduire par ses gens au milieu de la nuit, tous ivres morts, la torche en main et faisant retentir la forêt de refrains obscènes. Le libertinage acheva la démoralisation des paysans. Les Mauprat eurent bientôt dans toutes les familles des accointances que l'on toléra parce qu'on y trouva du profit, et, faut-il le dire ? hélas ! des satisfactions de vanité ! La dispersion des habitations favorisait le mal. Là, point de scandale, point de censure. Le plus petit village eût suffi pour faire éclore et régner une opinion publique ; mais il n'y avait que des chaumières éparses, des métairies isolées ; des landes et des taillis mettaient entre les familles des distances assez considérables pour qu'elles ne pussent exercer mutuellement leur contrôle. La honte fait plus que la conscience. Il est inutile de vous dire quels nombreux liens d'infamie s'établirent entre les maîtres et les esclaves : la débauche, l'exaction et la banqueroute furent l'exemple et le précepte de ma jeunesse, et l'on menait joyeuse vie. On se moquait de toute équité, on ne remboursait aux créanciers ni intérêts ni capitaux, on rossait les gens de loi qui se hasardaient à venir faire des sommations, on canardait la maréchaussée lorsqu'elle approchait trop des tourelles; on souhaitait la peste au parlement, la famine aux hommes imbus de philosophie nouvelle, la mort à la branche cadette des Mauprat, et on se donnait par-dessus tout des airs de paladins du XIIe siècle. Mon grand-père ne parlait que de sa généalogie et des prouesses de ses ancêtres; il regrettait le bon temps où les châtelains avaient chez eux des instruments pour la torture, des oubliettes et surtout des canons. Pour nous, nous n'avions que des fourches, des bâtons et une mauvaise couleuvrine, que mon oncle Jean pointait du reste fort bien, et qui suffisait pour tenir en respect la chétive force militaire du canton.

Mauprat,
Gallimard, Folio, p. 48-49

Mets aristocratiques

Enfin, vers cinq heures, le piano se trouvant accordé, Valentine imagina un moyen de retenir Bénédict. Un peu d'hypocrisie s'improvisa dans ce cœur de jeune fille, et, sachant que sa mère accordait tout à l'extérieur de la déférence, elle se glissa dans son alcôve.

— Maman, lui dit-elle, monsieur Bénédict a passé six heures à mon piano, et il n'a pas fini ; cependant nous allons nous mettre à table : j'ai pensé qu'il était impossible d'envoyer ce jeune homme à l'office, puisque vous n'y envoyez jamais son oncle, et que vous lui faites servir du vin sur votre propre table. Que dois-je faire ? Je n'ai pas osé l'inviter à dîner avec nous sans savoir de vous si cela était convenable.

La même demande, faite en d'autres termes, n'eût obtenu qu'une sèche désapprobation. Mais la comtesse était toujours plus satisfaite d'obtenir la soumission à ses principes que l'obéissance passive à ses volontés. C'est le propre de la vanité de vouloir imposer le respect et l'amour de sa domination.

— Je trouve la chose assez convenable, répondit-elle. Puisqu'il s'est rendu à mon billet sans hésiter, et qu'il s'est exécuté de bonne grâce, il est juste de lui montrer quelque égard. Allez, ma fille, invitez-le vous-même de ma part.

Valentine, triomphante, retourna au salon, heureuse de pouvoir faire quelque chose d'agréable au nom de sa mère, et lui laissa tout l'honneur de cette invitation. Bénédict, surpris, hésita à l'accepter. Valentine outrepassa un peu les pouvoirs dont elle était investie en insistant. Comme ils passaient tous trois à table, la marquise dit à l'oreille de Valentine :

— Est-ce que vraiment ta mère a eu l'idée de cette honnêteté ? Cela m'inquiète pour sa vie. Est-ce qu'elle est sérieusement malade ?

Valentine ne se permit pas de sourire à cette âcre plaisanterie. Tour à tour dépositaire des plaintes et des inimitiés de ces deux femmes, elle était entre elles comme un rocher battu de deux courants contraires.

Le repas fut court mais enjoué. On passa ensuite sous la charmille pour prendre le café. La marquise était toujours d'assez bonne humeur en sortant de table. De son temps, quelques jeunes femmes, dont on tolérait la légèreté en faveur de leurs grâces, et peut-être aussi de la diversion que leurs inconvenances apportaient à l'ennui d'une société oisive et blasée, se faisaient fanfaronnes de mauvais ton; à certains visages, l'air *mauvais sujet* allait bien. Madame de Provence était le noyau d'une coterie féminine qui *sablait fort bien le champagne.* Un siècle auparavant, *Madame,* belle-sœur de Louis XIV, bonne et grave Allemande qui n'aimait que les *saucisses à l'ail* et la *soupe à la bière,* admirait chez les dames de la cour de France, et surtout chez madame la duchesse de Berry, la faculté de boire beaucoup sans qu'il y parût, et de supporter à merveille le vin de Constance et le marasquin de Hongrie.

La marquise était gaie au dessert. Elle racontait avec cette aisance, ce naturel propre aux gens qui ont vu beaucoup de monde, et qui leur tient lieu d'esprit. [...] [Bénédict] était confondu, étourdi de tant d'usage avec tant de démoralisation, d'un tel mépris des principes joint à un tel respect des convenances. Le monde que la marquise lui peignait était devant lui comme un rêve auquel il refusait de croire.

Ils restèrent assez longtemps sous la charmille. Ensuite Bénédict essaya le piano et chanta. Enfin il se retira assez tard, tout surpris de son intimité avec Valentine, tout ému sans en savoir la cause, mais emplissant son cerveau avec délices de l'image de cette belle et bonne fille, qu'il était impossible de ne pas aimer.

Valentine, éd. de l'Aurore

Le repas d'un vieux gentilhomme

À mesure qu'il se rapprochait de Boisguilbault, Émile faisait son plan et le refaisait cent fois pour attaquer la forteresse où ce personnage incompréhensible se tenait retranché. Entraîné par son esprit romanesque, il croyait pressentir la destinée de Gilberte, et la sienne par conséquent, écrites en chiffres mystérieux dans quelque recoin ignoré de ce vieux manoir, dont il voyait les hautes murailles grises se dresser devant lui. Grande, morne, triste et fermée comme son vieux seigneur, cette résidence isolée semblait défier l'audace de la curiosité. Mais Émile était stimulé désormais par une volonté passionnée. Confident et mandataire de Gilberte, il pressait contre ses lèvres la rose déjà flétrie, et se disait qu'il aurait le courage et l'habileté nécessaires pour triompher de tous les obstacles.

Il trouva M. de Boisguilbault, seul sur son perron, inoccupé et impassible comme à l'ordinaire. Il se hâta de s'excuser du retard apporté au dîner du vieux gentilhomme, en prétendant qu'il avait perdu son chemin, et que, ne connaissant pas encore le pays, il avait mis près de deux heures à se retrouver. M. de Boisguilbault ne lui fit point de questions sur l'itinéraire qu'il avait suivi ; on eût dit qu'il craignait d'entendre prononcer le nom de Châteaubrun : mais par un raffinement de politesse, il assura qu'il ne savait point l'heure, et qu'il n'avait point songé à s'impatienter. Cependant, il avait ressenti quelque agitation, comme Émile s'en aperçut bientôt à certaines paroles embarrassées, et le jeune homme crut comprendre, qu'au milieu du profond ennui de son isolement, la susceptibilité du marquis eût vivement souffert d'un manque de parole.

Le dîner fut excellent et servi avec une ponctualité minutieuse par le vieux domestique. C'était le seul serviteur visible du château. Les autres, enfouis dans la cuisine, qui était située dans un caveau, ne paraissaient point. Il semblait qu'il y eût à cet égard une sorte de consigne, et que leur doyen eût seul le don de ne pas choquer les regards du maître. Ce vieillard était infirme, mais il était si bien habitué à son service que le marquis n'avait presque jamais rien à lui dire, et quand, par hasard, il ne devinait pas ses volontés, il lui suffisait d'un signe pour les comprendre. Cette surdité paraissait servir le laconisme de M. de Boisguilbault, et peut-être aussi n'était-il pas fâché d'avoir près de lui un homme dont la vue affaiblie ne pouvait plus chercher à lire dans sa physionomie : c'était une machine plus qu'un serviteur qu'il avait à ses côtés, et qui, privé par ses infirmités du pouvoir de communiquer avec la pensée de ses semblables, en avait perdu le désir et le besoin. On concevait aisément que ces deux vieillards fussent seuls capables de vivre ensemble, sans songer à s'ennuyer l'un de l'autre, tant il y avait en eux peu de vie apparente.

Le service ne se faisait pas vite, mais avec ordre. Les deux convives restèrent deux heures à table. Émile remarqua que son hôte mangeait à peine, et seulement pour l'exciter à goûter tous les plats, qui étaient recherchés et succulents. Les vins furent exquis, et le vieux Martin présentait horizontalement, sans leur imprimer la moindre secousse, des bouteilles couvertes d'une antique et vénérable poussière. Le marquis mouillait à peine ses lèvres, et faisait signe à son vieux serviteur de remplir le verre d'Émile qui, habitué à une grande sobriété, s'observait pour ne pas laisser sa raison succomber à tant d'expériences réitérées sur les nombreux échantillons de cette cave seigneuriale.

— Est-ce là votre ordinaire, monsieur le marquis ? lui demanda-t-il émerveillé de la coquetterie d'un tel repas pour deux personnes.

— Je... je n'en sais rien, répondit le marquis ; je ne m'en mêle pas, c'est Martin qui dirige mon intérieur. Je n'ai jamais d'appétit ; et ne m'aperçois pas de ce que je mange. Trouvez-vous que ce soit bon ?

— Parfait ; et si j'avais souvent l'honneur d'être admis à votre table, je prierais Martin de me traiter moins splendidement, car je craindrais de devenir gourmet.

— Pourquoi non ? c'est une jouissance comme une autre. Heureux ceux qui en ont beaucoup !

— Mais il en est de plus nobles et de moins dispendieuses, reprit Émile ; tant de gens manquent du nécessaire que j'aurais honte de me faire un besoin du superflu.

— Vous avez raison, dit M. de Boisguilbault, avec son soupir accoutumé. Eh bien, je dirai à Martin de vous servir plus simplement une autre fois. Il a jugé qu'à votre âge on avait grand appétit ; mais il me semble que vous mangez comme quelqu'un qui a fini de grandir. Quel âge avez-vous ?

— Vingt et un ans.
— Je vous aurais cru moins jeune.
— D'après ma figure ?
— Non, d'après vos idées.
— Je voudrais que mon père entendît votre opinion, monsieur le marquis, et qu'il voulût bien s'en pénétrer, répondit Émile en souriant ; car il me traite toujours comme un enfant.
— Quel homme est-ce que votre père ? dit M. de Boisguilbault avec une ingénuité de préoccupation qui ôtait à cette question ce qu'elle eût pu avoir d'impertinent au premier abord.
— Mon père, répondit Émile, est pour moi un ami dont je désire l'estime et dont je redoute le blâme. C'est ce que je puis dire de mieux pour vous peindre un caractère énergique, sévère et juste.
— J'ai ouï dire qu'il était fort capable, fort riche, et jaloux de son influence. Ce n'est pas un mal s'il s'en sert bien.
— Et quel est, suivant vous, monsieur le marquis, le meilleur usage qu'il en puisse faire ?
— Ah ! ce serait bien long à dire ! répondit le marquis en soupirant ; vous devez savoir cela aussi bien que moi.

Et, entraîné un instant par la confiance qu'Émile lui avait témoignée à dessein, pour provoquer la sienne, il retomba dans sa torpeur, comme s'il eût craint de faire un effort pour en sortir.

« Il faut absolument rompre cette glace séculaire, pensa Émile. Ce n'est peut-être pas si difficile qu'on le croit. Peut-être serai-je le premier qui l'ait essayé ! »

Et tout en gardant, comme il le devait, le silence sur les craintes que lui inspirait l'ambition de son père, ou sur la lutte pénible de leurs opinions respectives, il parla avec abandon et chaleur de ses croyances, de ses sympathies, et même de ses rêves pour l'avenir de la famille humaine. Il pensa bien que le marquis allait le prendre pour un fou, et il se plut à provoquer des contradictions qui lui permettraient enfin de pénétrer dans cette âme mystérieuse.

« Que ne puis-je amener une explosion de dédain ou d'indignation ! se disait-il ; c'est alors que je verrais le fort et le faible de la place. » Et, sans s'en douter, il suivait avec le marquis la même tactique que son père avait suivie naguère avec lui; il affectait de fronder et de démolir tout ce qu'il supposait devoir être plus ou moins sacré aux yeux du vieux légitimiste; « la noblesse aussi bien que l'argent, la grande propriété, la puissance des individus, l'esclavage des masses, le catholicisme jésuitique, le prétendu droit divin, l'inégalité des droits et des jouissances, base des sociétés constituées, la domination de l'homme sur la femme, considérée comme marchandise dans le contrat de mariage, et comme propriété dans le contrat de la morale publique; enfin, toutes ces lois païennes que l'Évangile n'a pu détruire dans les institutions, et que la politique de l'Église a consacrées. »

M. de Boisguilbault paraissait écouter mieux qu'à l'ordinaire; ses grands yeux bleus s'étaient arrondis comme si, à défaut du vin qu'il ne buvait pas, la surprise d'une telle déclaration des droits de l'homme l'eût jeté dans une stupeur accablante. Émile regardait son verre, rempli d'un tokai de cent ans, et se promettait d'y avoir recours pour se donner *du montant*, si la chaleur naturelle de son jeune enthousiasme ne suffisait pas à conjurer l'avalanche de neige près de rouler sur lui.

Mais il n'eut pas besoin de ce topique, et, soit que la neige eût trop durci pour se détacher du glacier, soit qu'en ayant l'air d'écouter, M. de Boisguilbault n'eût rien entendu, la téméraire profession de foi de l'enfant du siècle ne fut pas interrompue et s'acheva dans le plus profond silence.

— Eh bien, monsieur le marquis, dit Émile, étonné de cette tolérance apathique, acceptez-vous donc mes opinions, ou vous semblent-elles indignes d'être combattues?

M. de Boisguilbault ne répondit pas; un pâle sourire erra sur ses lèvres, qui firent le mouvement de répondre et ne laissèrent échapper que le soupir problématique. Mais il posa la main sur celle d'Émile, et il sembla à ce dernier qu'une moiteur froide donnait cette fois quelque symptôme de vie à cette main de pierre.

Enfin il se leva et dit:

— Nous allons prendre le café dans mon parc.

Et, après une pause, il ajouta, comme s'il achevait tout haut une phrase commencée tout bas:

— Car je suis complètement de votre avis.

— Vraiment? s'écria Émile en passant résolument son bras sous celui du grand seigneur.

— Et pourquoi donc pas ? reprit celui-ci tranquillement.
— C'est-à-dire que toutes ces choses vous sont indifférentes ?
— Plût à Dieu ! répondit M. de Boisguilbault avec un soupir plus accentué que les autres.

Le Péché de Monsieur Antoine, p. 178-181

La fête de la Fédération au village

Pourtant, la confiance vint tout d'un coup, je ne saurais dire comment, après la fête du 14 juillet, anniversaire de la prise de la Bastille. Toute la France faisait cette fête qu'on appelait fête de la Fédération. Le petit frère m'expliqua que l'on se réjouissait surtout d'avoir une seule et même loi pour toute la France, et il me fit comprendre que, de ce moment, nous étions tous enfants de la même patrie. Il en paraissait heureux comme jamais je ne l'avais vu et sa joie passa dans mon cœur, malgré le peu de connaissance que j'avais encore pour juger un si grand événement.

La fête fut très étonnante dans notre paroisse sauvage, perdue au fond des montagnes. D'abord on ne disait déjà plus *la paroisse*, on disait *la commune* depuis qu'on n'était plus aux moines et qu'on avait nommé des municipaux. Les moines regardaient faire, et, soit bêtise, soit malice, on n'a jamais bien su lequel, ils se disaient contents de tout ce qui arrivait. Il y en avait deux jeunes, pas si jeunes que le petit frère, car ils avaient prononcé leurs vœux, qui paraissaient s'ennuyer beaucoup de leur état et qui souhaitaient de s'en retirer depuis qu'ils savaient qu'ils le pouvaient. Le jour de la fête, ils décidèrent les vieux à ouvrir les portes du moutier à la municipalité et aux habitants, pour qu'on pût fêter la Fédération dans un grand local avec des abris en cas d'orage. Les vieux y consentirent, pensant que, s'ils refusaient, on pourrait faire quelque bruit et se tourner contre eux. Une messe fut donc dite par eux pour demander à Dieu de bénir l'union de la France, et ils offrirent même de contribuer, selon leur pouvoir, au banquet qui s'organisait sur la place. Pauvre banquet! où l'on mangea du pain au dessert comme chez les riches on mange du gâteau. Chacun apporta sa bouillie de farine et ses légumes. On s'était cotisé pour avoir un peu de vin qu'on but après l'eau et le cidre de prunelle. Mais, dans ce moment-là, on démasqua la surprise que le petit frère, aidé de mon cousin Jacques et des autres bons gars de l'endroit, avait préparée. On savait bien qu'il y aurait quelque chose, car ils y travaillaient depuis trois jours, et on voyait comme un grand tas de bourrées coupées avec leur feuillage, qui cachait quelque chose. Quand on apporta le vin, on fit feu de dix à douze fusils qu'on avait dans la commune, et, les bons gars abattant les fagots et branches, on vit une manière d'autel en gazon, avec une croix au faîte, mais formée d'épis de blé bien agencés en tresses. Au-dessous, il y avait des fleurs et des fruits les plus beaux qu'on avait pu trouver; le petit frère ne s'était pas fait faute d'en prendre aux parterres et aux espaliers des moines. Il y avait aussi des légumes rares de la même provenance, et puis des produits plus communs, des gerbes de sarrasin, des branches de châtaigniers avec leurs fruits tout jeunes, et puis des branches de prunellier, de senellier, de mûrier sauvage, de tout ce que la terre donne sans culture aux petits paysans et aux petits oiseaux. Et enfin, au bas de l'autel de gazon, ils avaient placé une charrue, une bêche, une pioche, une faucille, une faux, une cognée, une roue de char, des chaînes, des cordes, des jougs, des fers de cheval, des harnais, un râteau, une sarcloire, et finalement une paire de poulets, un agneau de l'année, un couple de pigeons, et plusieurs nids de grives, fauvettes et moineaux avec les œufs ou les petits dedans.

C'était là, me dira-t-on, un trophée bien rustique; mais il était si bien arrangé, avec de la mousse verte, des fleurs et des grandes herbes de rivière ornant et encadrant chaque objet, que cela nous fit un grand effet et il me sembla, pour ma part, la chose la plus magnifique que j'eusse vue de ma vie. À présent que je suis vieille, je n'en ris point. Il faut au paysan, qui regarde avec indifférence le détail qu'il voit à toute heure, un ensemble qui attire sa réflexion en même temps que ses yeux et qui lui résume ses idées confuses par une sorte de spectacle.

Il y eut d'abord un grand silence quand on vit une chose si simple, que peut-être on avait rêvée plus merveilleuse, mais qui plaisait sans qu'on pût dire pourquoi. Moi, j'en comprenais un peu plus long, je savais lire et je lisais l'écriture placée au bas de la croix d'épis de blé; mais je lisais des yeux, j'étais toute recueillie; combien j'étais loin de m'attendre à jouer un rôle important dans la cérémonie!

Tout à coup le petit frère vint me tirer par le bras, car je n'étais pas à la grande table; il n'y avait pas de place pour tout le monde et je m'étais installée sur le gazon avec les petits enfants. Il me mena devant l'autel et me dit de lire tout haut ce qui était écrit. Je lus, et chacun retenait son haleine pour m'entendre :

— Ceci est l'autel de la pauvreté reconnaissante dont le travail, béni au ciel, sera récompensé sur la terre.

Aussitôt un seul *Ah !*... parti de toutes les bouches, fut comme la respiration d'une grande fatigue après tant d'années d'esclavage. On se sentait par avance maître de ces épis, de ces fruits, de ces animaux, de tous ces produits de la terre qui allaient devenir possibles à acquérir. On se jeta dans les bras les uns des autres en pleurant et en disant des paroles que ceux qui les disaient n'entendaient pas sortir de leurs bouches. Un ancien de la commune prit un petit broc de vin — c'était sa part — et dit qu'il aimait encore mieux le consacrer que de le boire. Il le versa sur l'autel, et beaucoup en firent autant, car la foi aux libations s'est toujours conservée dans nos campagnes. Les moines qui étaient là et qui firent mine de bénir l'autel, afin, disaient-ils, que ce ne fût point une cérémonie païenne, ont dit ensuite que toute la paroisse était ivre. — Elle le fut, mais ce ne fut pas du vin qu'elle put boire, il en resta de quoi mouiller les lèvres de chacun, et on voulut que toutes fussent mouillées ; on ne fut ivre que de joie, d'espérance, d'amitié les uns pour les autres. On laissa les moines répandre leur eau bénite, on trinqua même avec eux. On ne leur en voulait pas ; on ne s'y fiait pas non plus, mais on ne voulait haïr personne, ce jour-là ; d'ailleurs, à cause du petit frère qu'on aimait, on n'eût pas voulu les molester.

Nanon, éd. de l'Aurore, p. 66-67

Retour à la vie sauvage sous la Terreur

Nous étions à plus de deux lieues de Crevant, et, de tous les autres côtés, il n'y avait que des chaumières si disséminées, que la plus proche de nous en était encore assez éloignée. Quand les paysans n'ont pas d'intérêt à faire une exploration des lieux qui les environnent, ils ne la font jamais. Encore aujourd'hui, dans les parties plus peuplées du Berry, il y a des familles qui ne savent pas comment le pays est fait à la distance d'une lieue de leur demeure, et qui, au-delà d'un kilomètre, ne peuvent vous indiquer les chemins. Cela devient chaque jour plus rare, et ces gens, ainsi confinés sur le bout de terrain qui les fait vivre, sont, il faut le dire, extrêmement pauvres.

Sachant bien que, quand même nous ne l'eussions pas évité, nous ne recevrions l'assistance immédiate de personne, nous nous arrangions pour vivre en anachorètes. Nous sûmes plus tard que, dans les premiers temps du christianisme, il y en avait eu plusieurs dans les rochers que nous habitions, et même la tradition disait que notre *aire aux fées*, qu'on appelait le *trou aux fades*, après avoir été occupée par les *femmes sauvages* (les druidesses), avait servi d'ermitage à des saints et à des saintes. Nous nous disions donc que, si des solitaires avaient pu vivre dans cette thébaïde en un temps où le sol était encore plus inculte et la population plus rare, nous viendrions bien à bout d'y passer l'hiver.

Nous n'épargnâmes donc pas notre peine pour faire la meilleure installation possible, et cela était conforme à la prudence, car, si nous devions recevoir quelque visite, il fallait avoir, non l'apparence de gens qui se cachent et bravent la misère à tout prix, mais bien celle de pauvres habitants qui s'établissent avec l'intention de vivre le moins mal qu'ils pourront.

Pendant le reste de l'été et encore longtemps jusqu'aux gelées, les champignons furent le fond de notre nourriture. Dumont circulait sans danger. Il allait de temps en temps, avec l'âne, chercher très loin, tantôt dans une ferme, tantôt dans une autre, le sel, la farine d'orge ou de sarrasin, l'huile et même quelques fruits et légumes. Il fallait payer très cher, car il régnait une sorte de famine, et, quand il voulait donner des paniers en échange, on lui disait : « Pourquoi des paniers quand on n'a rien à mettre dedans ? » L'argent ne nous manquait pas, mais il fallait paraître aussi pauvres que les autres et marchander avec une obstination dont Émilien et moi n'eussions peut-être pas été capables. Dumont jouait si bien son rôle, qu'on le jugeait un des plus malheureux du pays, et qu'en quelques endroits on avait la charité de lui offrir un verre de vin, chose rare et précieuse dans une région qui n'en produit pas ; mais Dumont avait juré de ne plus boire, même une goutte de vin. Il avait eu tant de chagrin d'avoir failli faire manquer l'évasion de son cher Émilien, qu'il s'infligeait cette pénitence et se mortifiait comme un véritable ermite.

Il vint un temps de disette de grain, où on trouvait plutôt de la viande à acheter que de la farine. Nous n'en avions nul besoin. Le gibier abondait autour de nous, et nous inventions toute sorte de pièges, lacets, trappes et colliers. Il se passait peu de jours sans que nous prissions un lièvre, une perdrix, un lapin ou de petits oiseaux. Il y avait force goujons et ablettes dans le ruisseau, et j'eus bien vite fabriqué des nasses. Un petit marécage nous fournissait à discrétion des grenouilles que nous ne dédaignions pas. Nous eûmes aussi affaire à plusieurs renards qui furent difficiles à saisir ; mais nous fûmes plus fins qu'eux, et nous fîmes sécher assez de peaux pour avoir de bonnes couvertures d'hiver. Enfin, Dumont réussit à se procurer deux chèvres, dont le lait acheva de compléter notre bien-être, et qui, pas plus que l'âne, ne nous coûtèrent rien pour leur nourriture, tant il y avait de folles herbes autour de nous et de pâturages à l'abandon dans les terres non encore vendues.

Quand vint le temps de récolter les châtaignes, notre existence fut assurée, sans qu'il fût nécessaire d'aller aux emplettes. Nous avions la jouissance d'une douzaine d'arbres magnifiques et nous sûmes emmagasiner les fruits dans un silo de sable bien disposé. En qualité de Marchois, nous entendions mieux que les Berrichons la conservation de cette précieuse denrée.

Mais cette époque de la cueillette nous exposait à une invasion de visiteurs, et nous dûmes prendre nos précautions. Ni Dumont, ni moi qui devais passer toujours pour son neveu, n'avions rien à craindre ; mais Émilien, le pauvre Émilien, qui aurait tant voulu être soldat, se trouvait forcément réfractaire, et il fallait le bien cacher ou le faire passer pour estropié. Il s'y résigna, se fabriqua une jambe de bois où il lia et plia son genou, et s'arma d'une béquille. À notre grande surprise, la précaution fut inutile : nous vîmes récolter tout autour de nous ; mais, des quinze ou vingt personnes qui gravirent sur les buttes voisines, aucune ne franchit le ruisseau, aucune ne s'approcha de notre maison, aucune ne nous parla ; il y a plus, aucune ne nous regarda.

Cela nous parut bien étrange, et nous en conclûmes, Émilien et moi, que ces braves gens avaient deviné notre situation et ne voulaient pas même *nous voir*, afin de pouvoir jurer, en cas de persécution et d'enquête, qu'ils ne nous savaient pas là.

Nanon, p. 150-151

L'auberge du Bœuf couronné

Je suivis Joseph à l'auberge du *Bœuf couronné*, où il allait voir sa mère et où je voulais tuer le temps avec quelques amis.

J'étais un peu fréquentier du cabaret, comme je vous ai dit : non à cause de la bouteille, qui ne m'a jamais mis hors de sens, mais pour l'amour de la compagnie, de la causette et de la chanson. J'y trouvai plusieurs garçons et filles de connaissance avec lesquels je m'attablai, tandis que Joseph s'assit dans un coin, ne buvant goutte, ne disant mot, et se tenant là pour contenter sa mère, qui, tout en allant et venant, était bien aise de le voir et de lui dire un mot par-ci, par-là. Je ne sais point si Joseph eût pensé à l'aider dans la peine qu'elle avait à servir tant de monde ; mais Benoît n'eût point souffert qu'un garçon si distrait tournât et virât dans ses écuelles et dans ses bouteilles.

Vous n'êtes pas sans avoir entendu parler de défunt Benoît. C'était un gros homme de haute mine, un peu rude en paroles, mais bon vivant et beau diseur dans l'occasion. Il était assez juste pour faire de la Mariton l'estime qu'il devait, car c'était, à vrai dire, la reine des servantes, et jamais sa maison n'avait été mieux achalandée que depuis qu'elle y régnait.

La chose que le père Brulet avait annoncée à cette femme n'était cependant point arrivée. Le danger de son état l'avait guérie de la coquetterie, et elle faisait respecter sa personne aussi bien que la propriété de son bourgeois. Pour le vrai, c'était, avant tout, pour son fils qu'elle avait rangé son idée à un travail et à une prudence plus sévères que son naturel ne s'y portait de lui-même. C'était une si bonne mère en cela, qu'au lieu de perdre de l'estime, elle s'en était attiré davantage depuis qu'elle était servante de cabaret ; et c'est là une chose qui ne se voit point souvent dans nos campagnes, ni ailleurs, que j'ai ouï dire.

En voyant Joseph plus blême et plus soucieux encore que d'habitude, je ne sais comment ce que ma grand-mère m'avait dit de lui, joint à la maladie, singulière dans mon idée, que lui imputait Brulette, me frappa l'esprit et me toucha le cœur. Sans doute il me gardait rancune de quelque parole dure qui m'était échappée. Je souhaitai la lui faire oublier, et, le forçant à venir s'asseoir à notre tablée, je m'imaginai de le griser un peu par surprise, pensant, comme tous ceux de mon âge, qu'une petite fumée de vin blanc dans les esprits est souveraine pour dissiper la tristesse.

Joseph, qui était peu attentionné aux actions d'autour de lui, laissa remplir son verre et pousser son coude si souvent, que tout autre en aurait senti l'effet. Pour ceux qui l'incitaient à boire, et qui payèrent d'exemple sans réflexion, il y en eut bien vite trop; et, pour moi, qui voulais garder mes jambes pour la danse, je m'arrêtai d'abord que je sentis qu'il y en avait assez. Joseph tomba dans une grande contemplation, appuya ses deux coudes sur la table et ne parut pas plus lourd ni plus léger qu'auparavant.

On ne faisait plus attention à lui; chacun riait ou jacassait pour son compte, et l'on se mit à chanter, comme on chante quand on a bu, chacun dans son ton et dans sa mesure, une tablée disant son refrain à côté d'une autre tablée qui dit le sien, et tout ça ensemble, faisant un sabbat de fous à casser la tête, le tout pour se porter à rire et à crier d'autant plus qu'on ne s'entend pas.

Les Maîtres sonneurs,
p. 93-95

Les auberges d'autrefois

À cette époque, une seule maison s'élevait dans cette solitude c'était une hôtellerie en même temps qu'une sorte de rendez-vous de chasse.

L'éminence, située au milieu de vastes plaines giboyeuses, étant souvent honorée de la halte des seigneurs du pays qui se réunissaient pour *courre le lièvre*, et pour dîner ou souper à l'enseigne du *Geault-Rouge*.

C'est ce qui explique comment une auberge assez petite, et située assez près d'une ville pour ne pas prétendre à arrêter d'opulents voyageurs, possédait, dans la personne de maître Pignoux, hôtelier du *Geault-Rouge*, un cuisinier du plus rare mérite.

Lorsque les gentilshommes du pays se donnaient le plaisir de la pêche aux étangs de Thevet, ils envoyaient vitement quérir maître Pignoux, qui venait, avec sa femme, dresser sa cantine au bord de l'eau, et qui leur servait, sous quelque belle *feuillade*, ces merveilleuses matelotes (on disait alors *étuvées*) qui avaient fait sa réputation. Il se transportait aussi dans les villes et châteaux pour les noces et festins, et en eût remontré, disait-on, aux maîtres-queux de M. le Prince.

L'auberge du *Geault* était solidement bâtie, à deux étages assez élevés, et couverte en tuiles d'un rouge criard qui se voyaient d'une lieue à la ronde. Protégé par les seigneurs du voisinage, maître Pignoux avait obtenu la permission de mettre une girouette sur son toit, privilège nobiliaire auquel il disait avoir droit, puisqu'il avait si souvent occasion d'héberger la noblesse. Aux cris aigres et incessants de cette girouette, qui semblait être le point de mire de tous les souffles de la plaine, se joignait le claquement perpétuel de la grande enseigne de fer battu qui représentait le *Geault-Rouge* dans sa gloire, lequel se balançait fièrement, au bout d'une potence, à une des fenêtres du second étage.

Il y avait, en face de la maison, de l'autre côté de la route, une très vaste écurie couverte en chaume, et de longs hangars pour abriter la suite que les nobles chasseurs traînaient après eux. L'auberge était spéciale pour les cavaliers.

On sait qu'en ce temps-là encore, les auberges se distinguaient en *hostelleries, gîtes* et *repues*. Les gîtes étaient particulièrement affectés pour la nuit, et les repues pour le dîner des voyageurs ; ces dernières étaient de méchantes auberges où les gens de bien ne s'arrêtaient que faute de mieux, et où l'on mangeait parfois du corbeau, de l'âne et de *l'anguille de Sancerre*, c'est-à-dire de la couleuvre. Les gîtes, au contraire, étaient souvent très luxueux.

Les hôtelleries se divisaient encore en auberges pour les gens à pied et en auberges pour les gens à cheval. On y pouvait prendre deux repas. Sur celle du *Geault-Rouge*, on lisait en grosses lettres :

HOSTELLERIE PAR LA PERMISSION DU ROY.

Et au-dessous :

DÎNÉE DU VOYAGEUR À CHEVAL, DOUZE SOLS ;
COUCHÉE DUDIST, VINGT SOLS.

Des lettres du roi maintenaient les privilèges des aubergistes. Un voyageur à pied ne pouvait être hébergé dans une hôtellerie de cavaliers, et réciproquement.

« Les lois françaises empêchent l'un de trop dépenser, l'autre de ne pas dépenser assez. »

Mario, qui voyait l'auberge éclairée, ne s'étonna pas du hennissement de joie que poussa son petit cheval, environ à deux cents pas de l'auberge. Il pensa qu'il reconnaissait les êtres.

Mais ce qui l'étonna, c'est que, tout d'un coup, il détourna à gauche et fit des difficultés pour reprendre le droit chemin.

L'enfant, qui était sur ses gardes, prêta l'oreille.

Il lui sembla entendre un bruit de chevaux venant de l'auberge, que lui masquaient encore les vapeurs de la nuit. Il s'en réjouit.

« Mon père est là, se dit-il, avec tout son monde ; peut-être avec M. d'Ars ou sa suite. Avançons vite. »

Mais Coquet se fit tellement prier pour avancer, que le jeune cavalier crut devoir chercher à comprendre *son idée*. Il l'arrêta court, et entendit, beaucoup plus près de lui que l'écurie de l'auberge, le hennissement, à lui bien connu, de Rosidor, le fidèle palefroi du marquis.

« Mon père est donc par là ? se dit-il encore. Il ne faudrait pas se croiser en route. »

Les Beaux Messieurs de Bois-Doré,
éd. de l'Aurore, p. 78-79

RITUELS ALIMENTAIRES

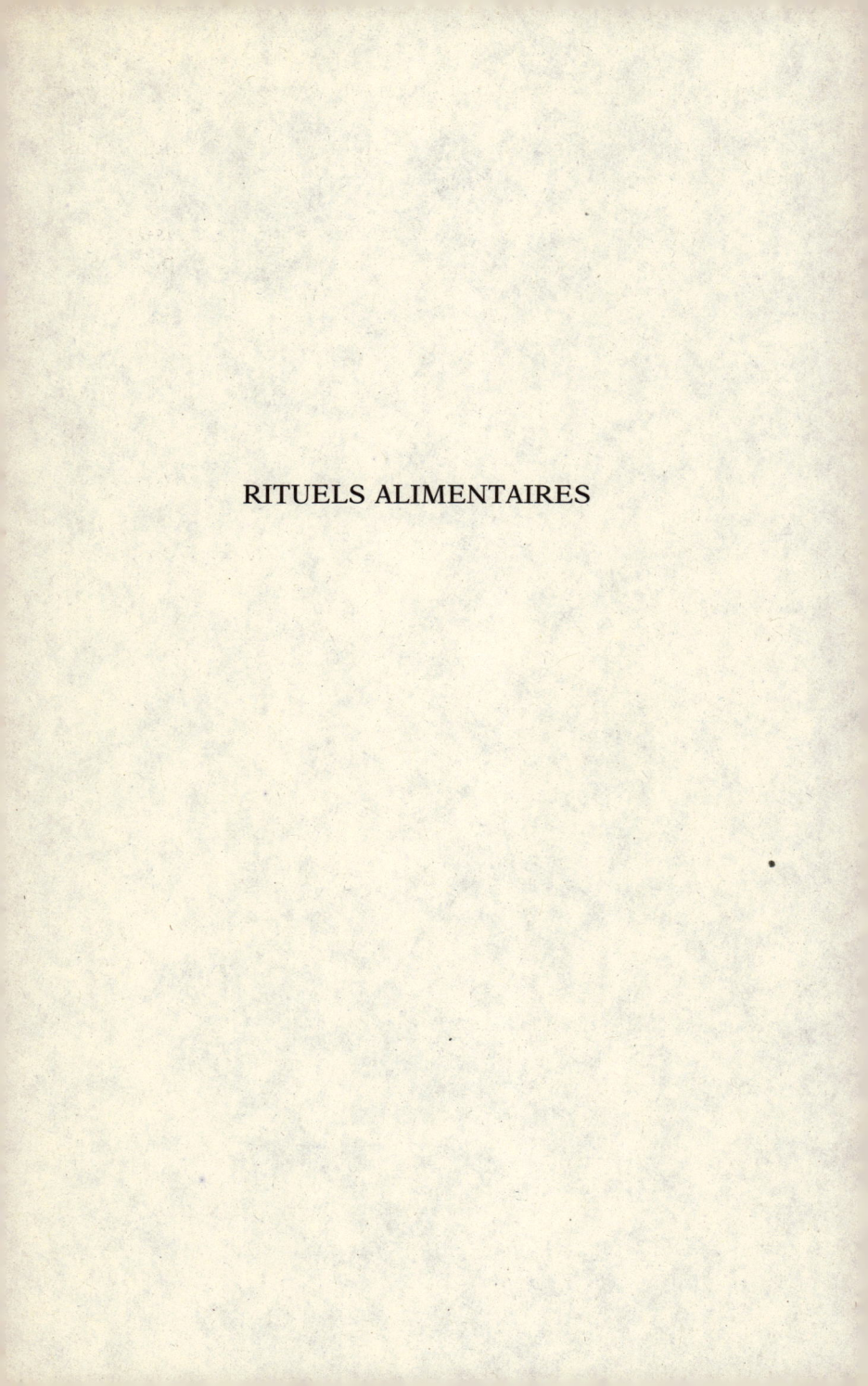

Le repas des prétendants

Cependant, quand il eut réparé le désordre du voyage dans ses vêtements et dans l'équipage de son cheval, quand il fut monté sur la Grise et qu'on lui eut indiqué le chemin de Fourche, il pensa qu'il n'y avait plus à reculer, et qu'il fallait oublier cette nuit d'agitations comme un rêve dangereux.

Il trouva le père Léonard au seuil de sa maison blanche, assis sur un beau banc de bois peint en vert épinard. Il y avait six marches de pierre disposées en perron, ce qui faisait voir que la maison avait une cave. Le mur du jardin et de la chènevière était crépi à chaux et à sable. C'était une belle habitation ; il s'en fallait de peu qu'on ne la prît pour une maison de bourgeois.

Le futur beau-père vint au-devant de Germain, et après lui avoir demandé, pendant cinq minutes, des nouvelles de toute sa famille, il ajouta la phrase consacrée à questionner poliment ceux qu'on rencontre, sur le but de leur voyage : *Vous êtes donc venu pour vous promener par ici ?*

— Je suis venu vous voir, répondit le laboureur, et vous présenter ce petit cadeau de gibier de la part de mon beau-père, en vous disant, aussi de sa part, que vous devez savoir dans quelles intentions je viens chez vous.

— Ah ! ah ! dit le père Léonard en riant et en frappant sur son estomac rebondi, je vois, j'entends, j'y suis ! Et, clignant de l'œil, il ajouta : Vous ne serez pas le seul à faire vos compliments, mon jeune homme. Il y en a déjà trois à la maison qui attendent comme vous. Moi, je ne renvoie personne, et je serais bien embarrassé de donner tort ou raison à quelqu'un, car ce sont tous de bons partis. Pourtant, à cause du père Maurice et de la qualité des terres que vous cultivez, j'aimerais mieux que ce fût vous. Mais ma fille est majeure et maîtresse de son bien ; elle agira donc selon son idée. Entrez, faites-vous connaître ; je souhaite que vous ayez le bon numéro !

— Pardon, excuse, répondit Germain, fort surpris de se trouver en surnuméraire là où il avait compté d'être seul. Je ne savais pas que votre fille fût déjà pourvue de prétendants, et je n'étais pas venu pour la disputer aux autres.

— Si vous avez cru que, parce que vous tardiez à venir, répondit, sans perdre sa bonne humeur, le père Léonard, ma fille se trouvait au dépourvu, vous vous êtes grandement trompé, mon garçon. La Catherine a de quoi attirer les épouseurs, et elle n'aura que l'embarras du choix. Mais entrez à la maison, vous dis-je, et ne perdez pas courage. C'est une femme qui vaut la peine d'être disputée.

Et poussant Germain par les épaules avec une rude gaieté :
— Allons, Catherine, s'écria-t-il en entrant dans la maison, en voilà un de plus !

Cette manière joviale mais grossière d'être présenté à la veuve, en présence de ses autres soupirants, acheva de troubler et de mécontenter le laboureur. Il se sentit gauche et resta quelques instants sans oser lever les yeux sur la belle et sur sa cour.

La veuve Guérin était bien faite et ne manquait pas de fraîcheur. Mais elle avait une expression de visage et une toilette qui déplurent tout d'abord à Germain. Elle avait l'air hardi et content d'elle-même, et ses cornettes garnies d'un triple rang de dentelle, son tablier de soie, et son fichu de blonde noire étaient peu en rapport avec l'idée qu'il s'était faite d'une veuve sérieuse et rangée.

Cette recherche d'habillement et ces manières dégagées la lui firent trouver vieille et laide, quoiqu'elle ne fût ni l'un ni l'autre. Il pensa qu'une si jolie parure et des manières si enjouées siéraient à l'âge et à l'esprit fin de la petite Marie, mais que cette veuve avait la plaisanterie lourde et hasardée, et qu'elle portait sans distinction ses beaux atours.

Les trois prétendants étaient assis à une table chargée de vins et de viandes, qui étaient là en permanence pour eux toute la matinée du dimanche ; car le père Léonard aimait à faire montre de sa richesse, et la veuve n'était pas fâchée non plus d'étaler sa belle vaisselle, et de tenir table comme une rentière. Germain, tout simple et confiant qu'il était, observa les choses avec assez de pénétration, et pour la première fois de sa vie il se tint sur la défensive en trinquant. Le père Léonard l'avait forcé de prendre place avec ses rivaux, et, s'asseyant lui-même vis-à-vis de lui, il le traitait de son mieux, et s'occupait de lui avec prédilection. Le cadeau de gibier, malgré la brèche que Germain y avait faite pour son propre compte, était encore assez copieux pour produire de l'effet. La veuve y parut sensible et les prétendants y jetèrent un coup d'œil de dédain.

Germain se sentait mal à l'aise en cette compagnie et ne mangeait pas de bon cœur. Le père Léonard l'en plaisanta.

— Vous voilà bien triste, lui dit-il, et vous boudez contre votre verre. Il ne faut pas que l'amour vous coupe l'appétit, car un galant à jeun ne sait point trouver de jolies paroles comme celui qui s'est éclairci les idées avec une petite pointe de vin.

Germain fut mortifié qu'on le supposât déjà amoureux, et l'air maniéré de la veuve, qui baissa les yeux en souriant, comme une personne sûre de son fait, lui donna l'envie de protester contre sa prétendue défaite ; mais il craignit de paraître incivil, sourit et prit patience.

Les galants de la veuve lui parurent trois rustres. Il fallait qu'ils fussent bien riches pour qu'elle admît leurs prétentions. L'un avait plus de quarante ans et était quasi aussi gros que le père Léonard ; un autre était borgne et buvait tant qu'il en était abruti ; le troisième était jeune et assez joli garçon ; mais il voulait faire de l'esprit et disait des choses si plates que cela faisait pitié. Pourtant la veuve en riait comme si elle eût admiré toutes ces sottises, et, en cela, elle ne faisait pas preuve de goût. Germain crut d'abord qu'elle en était coiffée ; mais bientôt il s'aperçut qu'il était lui-même encouragé d'une manière particulière, et qu'on souhaitait qu'il se livrât davantage. Ce lui fut une raison pour se sentir et se montrer plus froid et plus grave.

L'heure de la messe arriva, et on se leva de table pour s'y rendre ensemble. Il fallait aller jusqu'à Mers, à une bonne demi-lieue de là, et Germain était si fatigué qu'il eût fort souhaité avoir le temps de faire un somme auparavant ; mais il n'avait pas coutume de manquer la messe, et il se mit en route avec les autres.

Les chemins étaient couverts de monde, et la veuve marchait d'un air fier, escortée de ses trois prétendants, donnant le bras tantôt à l'un, tantôt à l'autre, se rengorgeant et portant haut la tête. Elle eût fort souhaité produire le quatrième aux yeux des passants ; mais Germain trouva si ridicule d'être traîné ainsi de compagnie, par un cotillon, à la vue de tout le monde, qu'il se tint à distance convenable, causant avec le père Léonard, et trouvant moyen de le distraire et de l'occuper assez pour qu'ils n'eussent point l'air de faire partie de la bande.

La Mare au diable,
éd. Glénat, p. 101-105

Rite du mariage :
le chou

On remonta à cheval et on revint très vite à Belair. Le repas fut splendide, et dura, entremêlé de danses et de chants, jusqu'à minuit. Les vieux ne quittèrent point la table pendant quatorze heures. Le fossoyeur fit la cuisine et la fit fort bien. Il était renommé pour cela, et il quittait ses fourneaux pour venir danser et chanter entre chaque service. Il était épileptique pourtant, ce pauvre père Bontemps! Qui s'en serait douté? Il était frais, fort, et gai comme un jeune homme. Un jour nous le trouvâmes comme mort, tordu par son mal dans un fossé, à l'entrée de la nuit. Nous le rapportâmes chez nous dans une brouette, et nous passâmes la nuit à le soigner. Trois jours après il était de noce, chantait comme une grive et sautait comme un cabri, se trémoussant à l'ancienne mode. En sortant d'un mariage, il allait creuser une fosse et clouer une bière. Il s'en acquittait pieusement, et quoiqu'il n'y parût point ensuite à sa belle humeur, il en conservait une impression sinistre qui hâtait le retour de son accès. Sa femme, paralytique, ne bougeait de sa chaise depuis vingt ans. Sa mère en a cent quatre, et vit encore. Mais lui, le pauvre homme, si gai, si bon, si amusant, il s'est tué l'an dernier en tombant de son grenier sur le pavé. Sans doute, il était en proie au fatal accès de son mal, et, comme d'habitude, il s'était caché dans le foin pour ne pas effrayer et affliger sa famille. Il termina ainsi, d'une manière tragique, une vie étrange comme lui-même, un mélange de choses lugubres et folles, terribles et riantes, au milieu desquelles son cœur était toujours resté bon et son caractère aimable.

Mais nous arrivons à la troisième journée des noces, qui est la plus curieuse, et qui s'est maintenue dans toute sa rigueur jusqu'à nos jours. Nous ne parlerons pas de la rôtie que l'on porte au lit nuptial; c'est un assez sot usage qui fait souffrir la pudeur de la mariée et tend à détruire celle des jeunes filles qui y assistent. D'ailleurs je crois que c'est un usage de toutes les provinces, et qui n'a chez nous rien de particulier.

De même que la cérémonie des *livrées* est le symbole de la prise de possession du cœur et du domicile de la mariée, celle du *chou* est le symbole de la fécondité de l'hymen. Après le déjeuner du lendemain de noces commence cette bizarre représentation d'origine gauloise, mais qui, en passant par le christianisme primitif, est devenue peu à peu une sorte de *mystère*, ou de moralité bouffonne du moyen âge.

Deux garçons (les plus enjoués et les mieux disposés de la bande) disparaissent pendant le déjeuner, vont se costumer, et enfin reviennent escortés de la musique, des chiens, des enfants et des coups de pistolet. Ils représentent un couple de gueux, mari et femme, couverts des haillons les plus misérables. Le mari est le plus sale des deux : c'est le vice qui l'a ainsi dégradé ; la femme n'est que malheureuse et avilie par les désordres de son époux.

Ils s'intitulent le *jardinier* et la *jardinière*, et se disent préposés à la garde et à la culture du chou sacré. Mais le mari porte diverses qualifications qui toutes ont un sens. On l'appelle indifféremment le *pailloux*, parce qu'il est coiffé d'une perruque de paille et de chanvre, et que, pour cacher sa nudité mal garantie par ses guenilles, il s'entoure les jambes et une partie du corps de paille. Il se fait aussi un gros ventre ou une bosse avec de la paille ou du foin cachés sous sa blouse. Le *peilloux*, parce qu'il est couvert de *peille* (de guenilles). Enfin, le *païen*, ce qui est plus significatif encore, parce qu'il est censé, par son cynisme et ses débauches, résumer en lui l'antipode de toutes les vertus chrétiennes.

Il arrive, le visage barbouillé de suie et de lie de vin, quelquefois affublé d'un masque grotesque. Une mauvaise tasse de terre ébréchée, ou un vieux sabot, pendu à sa ceinture par une ficelle, lui sert à demander l'aumône du vin. Personne ne lui refuse, et il feint de boire, puis il répand le vin par terre, en signe de libation. À chaque pas, il tombe, il se roule dans la boue ; il affecte d'être en proie à l'ivresse la plus honteuse. Sa pauvre femme court après lui, le ramasse, appelle au secours, arrache les cheveux de chanvre qui sortent en mèches hérissées de sa cornette immonde, pleure sur l'abjection de son mari et lui fait des reproches pathétiques.

— Malheureux ! lui dit-elle, vois où nous a réduits ta mauvaise conduite ! J'ai beau filer, travailler pour toi, raccommoder tes habits ! tu te déchires, tu te souilles sans cesse. Tu m'as mangé mon pauvre bien, nos six enfants sont sur la paille, nous vivons dans une étable avec les animaux ; nous voilà réduits à demander l'aumône, et encore tu es si laid, si dégoûtant, si méprisé, que bientôt on nous jettera le pain comme à des chiens. Hélas ! mes pauvres *mondes* (mes pauvres gens), ayez pitié de nous ! ayez pitié de moi ! Je n'ai pas mérité mon sort, et jamais femme n'a eu un mari plus malpropre et plus détestable. Aidez-moi à le ramasser, autrement les voitures l'écraseront comme un vieux tesson de bouteille, et je serai veuve, ce qui achèverait de me faire mourir de chagrin, quoique tout le monde dise que ce serait un bonheur pour moi.

Tel est le rôle de la jardinière et ses lamentations continuelles durant toute la pièce. Car c'est une véritable comédie libre, improvisée, jouée en plein air, sur les chemins, à travers champs, alimentée par tous les accidents fortuits qui se présentent, et à laquelle tout le monde prend part, gens de la noce et du dehors, hôtes des maisons et passants des chemins pendant trois ou quatre heures de la journée, ainsi qu'on va le voir. Le thème est invariable, mais on brode à l'infini sur ce thème, et c'est là qu'il faut voir l'instinct mimique, l'abondance d'idées bouffonnes, la faconde, l'esprit de repartie, et même l'éloquence naturelle de nos paysans.

Le rôle de la jardinière est ordinairement confié à un homme mince, imberbe et à teint frais, qui sait donner une grande vérité à son personnage, et jouer le désespoir burlesque avec assez de naturel pour qu'on en soit égayé et attristé en même temps comme d'un fait réel. Ces hommes maigres et imberbes ne sont pas rares dans nos campagnes, et, chose étrange, ce sont parfois les plus remarquables pour la force musculaire.

Après que le malheur de la femme est constaté, les jeunes gens de la noce l'engagent à laisser là son ivrogne de mari, et à se divertir avec eux. Ils lui offrent le bras et l'entraînent. Peu à peu elle s'abandonne, s'égaie et se met à courir, tantôt avec l'un, tantôt avec l'autre, prenant des allures dévergondées : nouvelle *moralité*, l'inconduite du mari provoque et amène celle de la femme.

Le païen se réveille alors de son ivresse, il cherche des yeux sa compagne, s'arme d'une corde et d'un bâton, et court après elle. On le fait courir, on se cache, on passe la femme de l'un à l'autre, on essaie de la distraire et de tromper le jaloux. Ses amis s'efforcent de l'enivrer. Enfin il rejoint son infidèle et veut la battre. Ce qu'il y a de plus réel et de mieux observé dans cette parodie des misères de la vie conjugale, c'est que le jaloux ne s'attaque jamais à ceux qui lui enlèvent sa femme. Il est fort poli et prudent avec eux, il ne veut s'en prendre qu'à la coupable, parce qu'elle est censée ne pouvoir lui résister.

Mais au moment où il lève son bâton et apprête sa corde pour attacher la délinquante, tous les hommes de la noce s'interposent et se jettent entre les deux époux — *Ne la battez pas! ne battez jamais votre femme!* est la formule qui se répète à satiété dans ces scènes. On désarme le mari, on le force à pardonner, à embrasser sa femme, et bientôt il affecte de l'aimer plus que jamais. Il s'en va bras dessus, bras dessous avec elle, en chantant et en dansant, jusqu'à ce qu'un nouvel accès d'ivresse le fasse rouler par terre; et alors recommencent les lamentations de la femme, son découragement, ses égarements simulés, la jalousie du mari, l'intervention des voisins, et le raccommodement. Il y a dans tout cela un enseignement naïf, grossier même, qui sent fort son origine moyen âge, mais qui fait toujours impression, sinon sur les mariés, trop amoureux ou trop raisonnables aujourd'hui pour en avoir besoin, du moins sur les enfants et les adolescents. Le païen effraie et dégoûte tellement les jeunes filles, en courant après elles et en feignant de vouloir les embrasser, qu'elles fuient avec une émotion qui n'a rien de joué. Sa face barbouillée et son grand bâton (inoffensif pourtant) font jeter les hauts cris aux marmots. C'est de la comédie de mœurs à l'état le plus élémentaire, mais aussi le plus frappant.

Quand cette farce est bien mise en train, on se dispose à aller chercher le chou. On apporte une civière sur laquelle on place le païen armé d'une bêche, d'une corde et d'une grande corbeille. Quatre hommes vigoureux l'enlèvent sur leurs épaules. Sa femme le suit à pied, les *anciens* viennent en groupe après lui d'un air grave et pensif puis la noce marche par couple au pas réglé par la musique. Les coups de pistolet recommencent, les chiens hurlent plus que jamais à la vue du païen immonde, ainsi porté en triomphe. Les enfants l'encensent dérisoirement avec des sabots au bout d'une ficelle.

Mais pourquoi cette ovation à un personnage si repoussant? On marche à la conquête du chou sacré, emblème de la fécondité matrimoniale, et c'est cet ivrogne abruti qui, seul, peut porter la main sur la plante symbolique. Sans doute il y a là un mystère antérieur au christianisme, ce qui rappelle la fête des Saturnales, ou quelque bacchanale antique. Peut-être ce païen, qui est en même temps le jardinier par excellence, n'est-il rien moins que Priape en personne, le dieu des jardins et de la débauche, divinité qui dut être pourtant chaste et sérieuse dans son origine, comme le mystère de la reproduction, mais que la licence des mœurs et l'égarement des idées ont dégradée insensiblement.

Quoi qu'il en soit, la marche triomphale arrive au logis de la mariée et s'introduit dans son jardin. Là on choisit le plus beau chou, ce qui ne se fait pas vite, car les anciens tiennent conseil et discutent à perte de vue, chacun plaidant pour le chou qui lui paraît le plus convenable. On va aux voix, et quand le choix est fixé, le *jardinier* attache sa corde autour de la tige, et s'éloigne autant que le permet l'étendue du jardin. La jardinière veille à ce que, dans sa chute, le légume sacré ne soit point endommagé. Les *Plaisants* de la noce, le chanvreur, le fossoyeur, le charpentier ou le sabotier (tous ceux enfin qui ne travaillent pas la terre, et qui, passant leur vie chez les autres, sont réputés avoir, et ont réellement plus d'esprit et de babil que les simples ouvriers agriculteurs), se rangent autour du chou. L'un ouvre une tranchée à la bêche, si profonde qu'on dirait qu'il s'agit d'abattre un chêne. L'autre met sur son nez une *drogue* en bois ou en carton qui simule une paire de lunettes : il fait l'office d'*ingénieur*, s'approche, s'éloigne, lève un plan, lorgne les travailleurs, tire des lignes, fait le pédant, s'écrie qu'on va tout gâter, fait abandonner et reprendre le travail selon sa fantaisie, et, le plus longuement, le plus ridiculement possible dirige la besogne. Ceci est-il une addition au formulaire antique de la cérémonie, en moquerie des théoriciens en général que le paysan coutumier méprise souverainement, ou en haine des arpenteurs qui règlent le cadastre et répartissent l'impôt, ou enfin des employés aux ponts et chaussées qui convertissent des communaux en routes, et font supprimer de vieux abus chers au paysan ? Tant il y a que ce personnage de la comédie s'appelle le *géomètre*, et qu'il fait son possible pour se rendre insupportable à ceux qui tiennent la pioche et la pelle.

Enfin, après un quart d'heure de difficultés et de mômeries, pour ne pas couper les racines du chou et le déplanter sans dommage, tandis que des pelletées de terre sont lancées au nez des assistants (tant pis pour qui ne se range pas assez vite; fût-il évêque ou prince, il faut qu'il reçoive le baptême de la terre), le *païen* tire la corde, la païenne tend son tablier, et le chou tombe majestueusement aux *vivats* des spectateurs. Alors on apporte la corbeille, et le couple païen y plante le chou avec toutes sortes de soins et de précautions. On l'entoure de terre fraîche, on le soutient avec des baguettes et des liens, comme font les bouquetières des villes pour leurs splendides camélias en pot; on pique des pommes rouges au bout des baguettes, des branches de thym, de sauge et de laurier tout autour; on chamarre le tout de rubans et de banderoles; on recharge le trophée sur la civière avec le païen, qui doit le maintenir en équilibre et le préserver d'accident, et enfin on sort du jardin en bon ordre et au pas de marche.

Mais là quand il s'agit de franchir la porte, de même lorsque ensuite il s'agit d'entrer dans la cour de la maison du marié, un obstacle imaginaire s'oppose au passage. Les porteurs du fardeau trébuchent, poussent de grandes exclamations, reculent, avancent encore, et, comme repoussés par une force invincible, feignent de succomber sous le poids. Pendant cela, les assistants crient, excitent et calment l'attelage humain.

— Bellement, bellement, enfant! Là, là, courage! Prenez garde! patience! Baissez-vous. La porte est trop basse! Serrez-vous, elle est trop étroite! un peu à gauche; à droite à présent! allons, du cœur, vous y êtes!

C'est ainsi que dans les années de récolte abondante, le char à bœufs, chargé outre mesure de fourrage ou de moisson, se trouve trop large ou trop haut pour entrer sous le porche de la grange. C'est ainsi qu'on crie après les robustes animaux pour les retenir ou les exciter, c'est ainsi qu'avec de l'adresse et de vigoureux efforts on fait passer la montagne des richesses, sans l'écrouler, sous l'arc de triomphe rustique. C'est surtout le dernier charroi, appelé la *gerbaude*, qui demande ces précautions, car c'est aussi une fête champêtre, et la dernière gerbe enlevée au dernier sillon est placée au sommet du char, ornée de rubans et de fleurs de même que le front des bœufs et l'aiguillon du bouvier. Ainsi, l'entrée triomphale et pénible du chou dans la maison est un simulacre de la prospérité et de la fécondité qu'il représente.

Arrivé dans la cour du marié, le chou est enlevé et porté au plus haut de la maison ou de la grange. S'il est une cheminée, un pignon, un pigeonnier plus élevé que les autres faîtes, il faut à tout risque porter ce fardeau au point culminant de l'habitation. Le païen l'accompagne jusque-là, le fixe, et l'arrose d'un grand broc de vin, tandis qu'une salve de coups de pistolet et les contorsions joyeuses de la païenne signalent son inauguration.

La même cérémonie recommence immédiatement. On va déterrer un autre chou dans le jardin du marié pour le porter avec les mêmes formalités sur le toit que sa femme vient d'abandonner pour le suivre. Ces trophées restent là jusqu'à ce que le vent et la pluie détruisent les corbeilles et emportent le chou. Mais ils y vivent assez longtemps pour donner quelque chance de succès à la prédiction que font les anciens et les matrones en le saluant :

— Beau chou, disent-ils, vis et fleuris, afin que notre jeune mariée ait un beau petit enfant avant la fin de l'année ; car si tu mourais trop vite ce serait signe de stérilité, et tu serais là-haut sur sa maison comme un mauvais présage.

La journée est déjà avancée quand toutes ces choses sont accomplies. Il ne reste plus qu'à faire la conduite aux parrains et marraines des conjoints. Quand ces parents putatifs demeurent au loin, on les accompagne avec la musique et toute la noce jusqu'aux limites de la paroisse. Là, on danse encore sur le chemin et on les embrasse en se séparant d'eux. Le païen et sa femme sont alors débarbouillés et rhabillés proprement, quand la fatigue de leur rôle ne les a pas forcés à aller faire un somme.

On dansait, on chantait, et on mangeait encore à la métairie de Belair, ce troisième jour de noce, à minuit, lors du mariage de Germain. Les anciens, attablés, ne pouvaient s'en aller, et pour cause. Ils ne retrouvèrent leurs jambes et leurs esprits que le lendemain au petit jour. Alors, tandis que ceux-là regagnaient leurs demeures, silencieux et trébuchants, Germain, fier et dispos, sortit pour aller lier ses bœufs, laissant sommeiller sa jeune compagne jusqu'au lever du soleil. L'alouette, qui chantait en montant vers les cieux, lui semblait être la voix de son cœur rendant grâce à la Providence. Le givre, qui brillait aux buissons décharnés, lui semblait la blancheur des fleurs d'avril précédant l'apparition des feuilles. Tout était riant et serein pour lui dans la nature. Le petit Pierre avait tant ri et tant sauté la veille, qu'il ne vint pas l'aider à conduire ses bœufs ; mais Germain était content d'être seul. Il se mit à genoux dans le sillon qu'il allait refendre, et fit la prière du matin avec une effusion si grande que deux larmes coulèrent sur ses joues encore humides de sueur.

On entendait au loin les chants des jeunes garçons des paroisses voisines, qui partaient pour retourner chez eux, et qui redisaient d'une voix un peu enrouée les refrains joyeux de la veille.

La Mare au diable, p. 173, 183

Repas de noces chez les ouvriers

Dès le lendemain, les premiers bans furent publiés ; mais, dès le lendemain aussi, Sept-Épées se mit au travail de la fabrique, et il voulut y entrer comme simple compagnon, tenant à montrer qu'il honorait plus que jamais le travail manuel, et qu'il était plus habile et plus prompt que pas un de ceux qu'il aurait bientôt sous sa gouverne. Il ouvrit le soir un cours d'instruction pratique qui prouva aussi le droit qu'il avait d'enseigner, et, après la leçon, il se mêla à ses anciens et nouveaux camarades, qui tous voulaient fêter son retour, et auxquels, par sa franche cordialité, il montra bien qu'il serait toujours un ami sérieux et un bon frère.

Tonine eût souhaité que son mariage se fît sans plus d'éclat que celui des autres artisans du pays, mais il ne dépendit pas de sa volonté d'empêcher les préparatifs de la Ville noire. Huit jours durant, les enfants cueillirent dans la campagne une véritable montagne de fleurs qui fut mise au frais dans un des nombreux réservoirs des écluses, et qui, le jour des noces, se trouva transformée et distribuée en guirlandes gigantesques et en gracieux arcs de triomphe sur tout le passage du modeste cortège. Ce cortège devint bientôt si nombreux qu'on eût dit d'une fête patronale suivant la procession. Après la cérémonie, il y eut un banquet général sur les gazons qui entouraient le bassin de la grande barre. Chaque famille apporta là son repas, et toute la population mangea et chanta pendant que les deux époux, avec le petit groupe de leurs amis intimes, déjeunaient sans faste sous les lilas de la petite île, recevant et rendant les toasts qui s'élevaient de tout l'amphithéâtre du rivage. De jeunes compagnons, parés de fleurs et portant leurs insignes de cérémonie, amenèrent ensuite un petit radeau pavoisé, ouvrage de leurs mains, sur lequel les deux époux furent invités à monter pour faire le tour du bassin et recevoir les caresses et les félicitations de tout le monde. Tonine fut priée d'ouvrir le bal, et on la vit danser pour la première fois dans une fête.

La Ville noire,
éd. de l'Aurore, 1989, p. 143

Chez les compagnons

Ils arrivèrent à Blois comme dix heures sonnaient à l'horloge de la cathédrale. Ils s'étaient assez reposés au Berceau de la Sagesse, pour ne ressentir aucune fatigue de cette dernière étape, faite en causant doucement à la clarté des étoiles. Ils dirigèrent leurs pas vers la Mère de leur Devoir.

Par *Mère*, on entend l'hôtellerie où une société de Compagnons loge, mange et tient ses assemblées. L'hôtesse de cette auberge s'appelle aussi la Mère ; l'hôte, fût-il célibataire, s'appelle la Mère. Il n'est pas rare qu'on joue sur ces mots et qu'on appelle un bon vieux hôtelier *le père la Mère*.

Il y avait environ un an qu'Amaury le Corinthien n'était venu à Blois. Pierre avait remarqué qu'à mesure qu'ils approchaient de la ville, son ami l'avait écouté moins attentivement. Mais lorsqu'ils eurent dépassé les premières maisons, il fut tout à fait frappé de son trouble.

— Qu'as-tu donc ? lui dit-il ; tu marches tantôt si vite que je puis à peine te suivre, tantôt si lentement que je suis forcé de t'attendre. Tu te heurtes à chaque pas, et tu sembles agité comme si tu craignais et désirais à la fois d'arriver au terme de ton voyage.

— Ne m'interroge pas, cher Villepreux, répondit le Corinthien. Je suis ému, je ne le nie pas ; mais il m'est impossible de t'en dire la cause. Je n'ai jamais eu de secrets pour toi, hormis un seul que je te confierai peut-être quelque jour ; mais il me semble que le temps n'est pas venu.

Pierre n'insista pas, et ils arrivèrent chez la Mère au bout de quelques instants. L'auberge était située sur la rive gauche de la Loire, dans le faubourg que le fleuve sépare de la ville. Elle était toujours propre et bien tenue comme de coutume, et les deux amis reconnurent la servante et le chien de la maison. Mais l'hôte ne vint pas comme de coutume au-devant d'eux pour les embrasser fraternellement.

— Où donc est l'ami Savinien ? demanda le jeune Amaury d'une voix mal assurée.

La servante lui fit un signe comme pour lui couper la parole et lui montra une petite fille qui disait sa prière au coin du feu, et sur le point de s'aller coucher, avait déjà sa petite coiffe de nuit. Amaury crut que la servante l'engageait à ne pas troubler la prière de l'enfant. Il se pencha sur la petite Manette, et effleura de ses lèvres, avec précaution, les grosses boucles de cheveux bruns qui s'échappaient de son béguin piqué. Pierre commençait à deviner le secret du Corinthien en voyant la tendresse pleine d'amertume avec laquelle il regardait cette enfant.

— Monsieur Villepreux, dit la servante à voix basse en attirant Pierre Huguenin à quelque distance, il ne faut pas que vous parliez de notre défunt maître devant la petite : ça la fait toujours pleurer, pauvre chère âme ! Nous avons enterré monsieur Savinien il n'y a pas plus de quinze jours. Notre maîtresse en a bien du chagrin.

À peine avait-elle dit ces mots qu'une porte s'ouvrit, et la veuve de Savinien, celle qu'on appelait la Mère, parut en deuil et en cornette de veuve. C'était une femme d'environ vingt-huit ans, belle comme une Vierge de Raphaël, avec la même régularité de traits et la même expression de douceur calme et noble. Les traces d'une douleur récente et profonde étaient pourtant sur son visage, et ne le rendaient que plus touchant ; car il y avait aussi dans son regard le sentiment d'une force évangélique.

Elle portait son second enfant dans ses bras, à demi déshabillé et déjà endormi, un gros garçon blond comme l'ambre, frais comme le matin. D'abord elle ne vit que Pierre Huguenin, sur lequel se projetait la lumière de la lampe.

— Mon fils Villepreux, s'écria-t-elle avec un sourire affectueux et mélancolique, soyez le bienvenu, et, comme toujours, le bien-aimé. Hélas ! vous n'avez plus qu'une Mère ! votre père Savinien est dans le ciel avec le bon Dieu.

À cette voix le Corinthien s'était vivement retourné ; à ces paroles un cri partit du fond de sa poitrine.

— Savinien mort ! s'écria-t-il ; Savinienne veuve par conséquent !...

Et il se laissa tomber sur une chaise...

À cette voix, à ces paroles, le calme résigné de la Savinienne se changea en une émotion si forte, que, pour ne pas laisser tomber son enfant, elle le mit dans les bras de Pierre Huguenin. Elle fit un pas vers le Corinthien puis elle resta confuse, éperdue; et le Corinthien, qui se levait pour s'élancer vers elle, retomba sur sa chaise et cacha son visage dans les cheveux de la petite Manette qui, agenouillée entre ses jambes, venait d'éclater en sanglots au seul nom de son père.

La Mère reprit alors sa présence d'esprit; et, venant à lui, elle lui dit avec dignité :

— Voyez la douleur de cette enfant. Elle a perdu un bon père; et vous, Corinthien, vous avez perdu un bon ami.

— Nous le pleurerons ensemble, dit Amaury sans oser la regarder ni prendre la main qu'elle lui tendait.

— Non pas ensemble, répondit la Savinienne en baissant la voix; mais je vous estime trop pour penser que vous ne le regretterez pas.

En ce moment la porte de l'arrière-salle s'ouvrit, et Pierre vit une trentaine de Compagnons attablés. Ils avaient pris leur repas si paisiblement qu'on n'eût guère pu soupçonner le voisinage d'une réunion de jeunes gens. Depuis la mort de Savinien, par respect pour sa mémoire autant que pour le deuil de sa famille, on mangeait presque en silence, on buvait sobrement, et personne n'élevait la voix. Cependant, dès qu'ils aperçurent Pierre Huguenin ils ne purent retenir des exclamations de surprise et de joie. Quelques-uns vinrent l'embrasser, plusieurs se levèrent et tous le saluèrent de leurs bonnets ou de leurs chapeaux; car, à ceux qui ne le connaissaient pas, on venait de le signaler rapidement comme un des meilleurs Compagnons du tour de France, qui avait été *premier Compagnon* à Nîmes et *dignitaire* à Nantes.

Après l'effusion du premier accueil, qui ne fut pas moins cordial pour Amaury de la part de ceux qui le connaissaient, on les engagea à se mettre à table, et la Mère, surmontant son émotion avec la force que donne l'habitude du travail, se mit à les servir.

Huguenin remarqua que sa servante lui disait :

— Ne vous dérangez pas, notre maîtresse; couchez tranquillement votre petit; je servirai ces jeunes gens.

Et il remarqua aussi que la Savinienne lui répondit :

— Non, je les servirai, moi; couche les enfants.

Puis elle donna un baiser à chacun d'eux, et porta le souper au Corinthien avec un empressement qui trahissait une secrète sollicitude. Elle servit aussi Huguenin avec le soin, la bonne grâce et la propreté qui faisaient d'elle la perle des Mères, au dire de tous les Compagnons. Mais une invincible préférence la faisait passer et repasser sans cesse derrière la chaise du Corinthien. Elle ne le regardait pas, elle ne l'effleurait pas en se penchant sur lui pour le servir ; mais elle prévenait tous ses besoins, et se tourmentait intérieurement de voir qu'il faisait d'inutiles efforts pour manger.

— Chers Compagnons fidèles ! dit *Lyonnais la-Belle-conduite* en remplissant son verre, je bois à la santé de Villepreux l'Ami-du-trait et de Nantais le Corinthien, sans séparer leurs noms ; car leurs cœurs sont unis pour la vie. Ils sont frères en Salomon, et leur amitié rappelle celle de notre poète *Nantais Prêt-à-bien-faire* pour son cher *Percheron*.

Et il entonna d'une voix mâle ces deux vers du poète menuisier :

> Les hommes qui n'ont pas d'amis
> Sont bien malheureux sur la terre.

— Bien dit, mais mal chanté, dit *Bordelais le Cœur-aimable*.

— Comment, mal chanté ! se récria Lyonnais la-Belle-conduite. Voulez-vous que je vous chante :

> Gloire à *Percheron-le-chapiteau*,
> Rendons hommage à sa science... ?

— Mal ! mal ! toujours plus mal ! reprit le Cœur-aimable. On chante toujours mal quand on chante mal à propos.

Et un regard vers la Mère rappela le chanteur à l'ordre.

Le Compagnon du tour de France,
Presses Univ. de Grenoble, 1988, p. 116-119

REPAS MYSTÉRIEUX ET FANTASTIQUES

Le repas révélateur

— Eh! mais, j'y songe! s'écria M. de Boisguilbault, je n'ai pas soupé, moi non plus; je l'ai complètement oublié, et je suis sûr qu'il y a là quelque chose, je ne sais où! Cherchons, Jean, cherchons, et nous trouverons!

— Frappez et l'on vous ouvrira! dit gaiement le charpentier en secouant la porte du fond.

— Pas par là, Jean! dit vivement le marquis, il n'y a rien là que des livres.

— Ah! c'est la porte qui ne tient pas! reprit Jean, la voilà qui me tombe dans les mains. Demain, j'arrangerai ça! ce n'est qu'un peu de bois à ôter d'en haut pour que le pêne joigne. Comment! votre vieux Martin n'a pas l'esprit d'arranger ça? Il a toujours été maladroit et embarrassé, ce chrétien-là!

Jean, plus fort à lui seul que les deux vieillards de Boisguilbault, referma la porte sans songer à éprouver la moindre curiosité, et le marquis lui sut gré de cette insouciance, car il l'avait observé attentivement, et avec une sorte d'inquiétude, tant qu'il avait tenu le bouton de la serrure.

— Il y a ordinairement ici un guéridon tout servi, reprit M. de Boisguilbault; je ne conçois pas ce qu'il peut être devenu, à moins que Martin ne m'ait oublié ce soir!

— Oh! oh! à moins que vous ne l'ayez pas remontée, la vieille horloge de sa cervelle n'a pas été en défaut, dit le charpentier, qui se rappelait avec plaisir tous les détails de l'intérieur du marquis, autrefois si bien connus de lui. Qu'est-ce qu'il y a derrière ce paravent? Oui-da! ça me paraît bien friand et guère solide!

Et il exhiba, en repliant le paravent, un guéridon chargé d'une galantine, d'un pain blanc, d'une assiette de fraises et d'une bouteille de bordeaux.

— C'est joli à offrir à une dame, ça, monsieur de Boisguilbault!

— Oh ! si je croyais que Madame voulût accepter mon souper ! dit le marquis en faisant rouler le guéridon auprès de Gilberte.

— Pourquoi non ? hé ! dit Jean en ricanant. Je parie que la bonne âme a songé aux autres avant de songer à nourrir son corps. Voyons, si elle mangeait seulement deux ou trois fraises, et vous, cette viande blanche, monsieur de Boisguilbault, moi, je m'arrangerai bien du pain mollet et d'un verre de vin noir.

— Nous mangerons comme devraient manger tous les hommes, répondit le marquis : chacun suivant son appétit, et l'expérience va nous prouver, j'en suis sûr, que la part trop forte, destinée à un seul, va être suffisante pour plusieurs. Oh ! je vous en prie, Madame, procurez-moi le bonheur de vous servir.

— Je n'ai aucunement faim, dit Gilberte, qui, depuis plusieurs jours, était trop accablée et trop agitée pour n'avoir pas perdu l'appétit ; mais, pour vous décider à souper tous les deux, je ferai mine de souper aussi.

M. de Boisguilbault s'assit auprès d'elle, et la servit avec empressement. Jean prétendit qu'il était trop crotté pour se mettre à côté d'eux, et quand le marquis eut insisté, il avoua qu'il se trouvait fort mal à l'aise sur des chaises si molles et si profondes. Il tira un escabeau de bois, qui restait de l'ancien mobilier rustique, et, se plaçant sous le manteau de la cheminée pour se sécher des pieds à la tête, il se mit à manger de grand cœur. Sa part fut amplement suffisante, car Gilberte ne fit que goûter les fraises, et le marquis était d'une sobriété phénoménale. D'ailleurs, eût-il eu plus d'appétit que de coutume, il se fût volontiers privé pour l'homme qu'il avait battu deux heures auparavant, et qui lui pardonnait avec tant de candeur.

Le paysan mange lentement et en silence ; ce n'est pas pour lui la satisfaction d'un besoin capricieux et fugitif, c'est une espèce de solennité ; car cette heure de repas est en même temps, dans la journée de travail, une heure de repos et de réflexion. Jappeloup devint donc très grave en coupant méthodiquement son pain par petits morceaux, et en regardant brûler les pommes de pin dans le foyer. M. de Boisguilbault, ayant épuisé à peu près avec Gilberte tout ce qu'on peut dire à une personne qu'on ne connaît pas, retomba aussi dans son laconisme habituel, et Gilberte, accablée par plusieurs nuits d'insomnie et de larmes, sentit que la chaleur du feu, succédant au froid de l'orage, la jetait dans un assoupissement insurmontable. Elle lutta tant qu'elle put, mais la pauvre enfant n'était guère plus accoutumée que son ami le charpentier aux fauteuils moelleux, aux tapis de fourrure et à l'éclat des bougies. Tout en essayant de répondre et de sourire aux paroles de plus en plus rares du marquis, elle se sentit comme magnétisée ; sa belle tête se renversa insensiblement sur le dossier, son joli pied s'étendit vers le feu, et sa respiration égale et pure trahit tout à coup la victoire impérieuse du sommeil sur sa volonté.

M. de Boisguilbault, voyant le charpentier absorbé dans une sorte de méditation, se mit alors à examiner les traits de Gilberte avec plus d'attention qu'il n'avait encore osé le faire, et une sorte de frisson s'empara de lui lorsqu'il vit, sous la dentelle noire, à demi détachée de sa coiffure, la profusion de son éblouissante chevelure dorée. Mais il fut tiré de sa contemplation par le charpentier, qui lui dit à voix basse :

— Monsieur de Boisguilbault, je parie que vous ne vous doutez guère de ce que je vais vous apprendre ? Regardez bien cette jolie petite dame, et puis je vous dirai qui elle est !

M. de Boisguilbault pâlit et regarda le charpentier avec des yeux effarés.

Le Péché de Monsieur Antoine, p. 325-326

Un convive mystérieux

Pourtant, nous ne *bibeloterons* pas ici l'intéressant mobilier de Briantes, ce serait trop long, et nous dirons seulement que M. d'Alvimar eût pu se croire dans la boutique d'un revendeur, tant la profusion de colifichets entassés sur les dressoirs, sur les cheminées, ou montant en pyramides sur les tables, contrastait avec l'austère nudité des palais espagnols où il avait passé ses jeunes années.

Au milieu de toutes ces faïences et verroteries, flacons, flambeaux, buires, lustres, vases, sans compter les aiguières, coupes ou drageoirs d'or, d'argent, d'ambre ou d'agate; les sièges cloutés, frangés et lampassés de toute forme et de toutes dimensions les bancs et armoires de chêne sculpté, à grands fermoirs de fer découpés sur fond de drap écarlate; les rideaux de satin brochés d'or à petits et grands bouquets, garnis de lambrequins galonnés d'or fin, etc., il y avait certainement de beaux ouvrages d'art et de charmants objets d'industrie contemporaine mêlés à beaucoup d'affiquets puérils et de recherches incommodes. En somme, l'effet général était chatoyant et agréable, bien que tout cela fût trop entassé et que l'on n'osât y remuer, dans la crainte de briser quelque chose.

Quand d'Alvimar eut exprimé sa surprise de trouver ce palais de la fée Babiole au fond des humbles vallons du Berry, et que Bois-Doré lui eut complaisamment montré les principales richesses de son appartement, la gouvernante Bellinde, qui allait et venait en donnant des ordres d'une voix claire et retentissante, annonça tout bas à son maître que le souper était prêt, tandis que le page ouvrait les portes toutes grandes en criant la formule d'usage, et que l'horloge du château sonnait sept heures avec carillon de musique à la mode des Flandres.

D'Alvimar, qui n'avait jamais pu s'habituer à l'abondance des mets en France, fut surpris de voir la table couverte, non seulement de pièces d'orfèvrerie et de flambeaux chargés de fleurs de cristal de toutes couleurs, mais d'une quantité de plats comme s'il se fût agi de traiter une douzaine de personnes de bon appétit.

— Eh! ce n'est point là un souper, lui dit Bois-Doré, à qui il reprochait de le traiter comme un gourmand; ce n'est qu'un petit ambigu aux flambeaux. Faites un effort et, si mon *maître queux* ne s'est point enivré aujourd'hui en mon absence, vous verrez que le drôle sait réveiller l'appétit paresseux.

D'Alvimar se laissa faire et reconnut que l'appétit lui venait malgré lui.

Jamais il n'avait, à la table des grands seigneurs de sa nation, goûté d'une chère aussi exquise, et, dans les plus riches hôtels de Paris, il n'en avait point rencontré de meilleure. Ce n'étaient que petits plats fins, convenablement relevés, très savamment compliqués à la mode du temps : cailles grasses farcies, bisques d'écrevisses, pâtisseries légères, crèmes parfumées de plusieurs sortes dans des croûtes de massepain, biscuits au safran, au girofle, vins fins de France, parmi lesquels le vin vieux d'Issoudun pouvait rivaliser avec les meilleurs clos de Bourgogne, et vins de dessert les plus chauds de Grèce et d'Espagne.

Il y en eut pour deux heures à goûter un peu de tout, M. de Bois-Doré parlant cave et cuisine en maître consommé, et mademoiselle Bellinde dirigeant les valets avec une science et une habileté incomparables.

Le jeune page joua du téorbe fort agréablement pendant les deux premiers services ; mais, à l'apparition du troisième, un nouveau personnage se présenta et causa à d'Alvimar quelque malaise, sans qu'il eût pu dire pourquoi.

Les Beaux Messieurs de Bois-Doré,
éd. de l'Aurore, 1990, t. I, p. 66-67

Le repas fantastique ou ce qu'il en coûte à un Berrichon de vouloir manger des huîtres

LE GNOME DES HUÎTRES

Un original de nos amis, grand amateur d'huîtres, eut la fantaisie, l'an dernier, d'aller déguster sur place les produits des bancs les plus renommés, afin de les comparer et d'être édifié une fois pour toutes sur leurs différents mérites. Il alla donc à Cancale, à Ostende, à Marennes, et autres localités recommandables. Il revint persuadé que Paris est le port de mer où l'on trouve les meilleurs produits maritimes.

Vous connaissez cet ami, mes chères petites, vous savez qu'il est fantaisiste, et que, quand il raconte, son imagination lui fait dépasser le vraisemblable. L'autre soir, il était en train de nous narrer son voyage, lorsque *l'homme au sable* a passé. Vous avez résisté le mieux possible ; mais enfin il vous a fallu dire bonsoir à la compagnie, et vous auriez perdu cette curieuse histoire, si je ne l'eusse transcrite fidèlement pour vous, le soir même. La voici telle que je l'ai entendue. C'est notre ami qui parle :

Vous savez aussi bien que moi, mes chers amis, qu'on peut habiter les bords de la mer et n'y manger de poissons, de crustacés et de coquillages que lorsqu'on en demande à Paris. C'est là que tout s'engouffre, et vous vous souvenez que, sur les rives de la Manche, nous n'en goûtions que quand les propriétaires des grands hôtels de bains en faisaient venir de la Halle. Bien que averti, je voulus, l'an dernier, expérimenter la chose par moi-même. Je restai vingt-quatre heures à Marennes avant d'obtenir une demi-douzaine d'huîtres médiocres que je payai fort cher. Ailleurs, je n'en obtins pas du tout. Dans certains villages, on m'offrit des colimaçons.

Enfin, je gagnai Cancale, où les huîtres étaient passables et le vin blanc de l'auberge excellent. Je me trouvai à table à côté d'un tout petit vieillard bossu, ratatiné et sordidement vêtu, qui me parut fort laid et avec qui pourtant je liai conversation, parce qu'il me sembla être le seul qui attachât de l'importance à la qualité des huîtres. Il les examinait sérieusement, les retournant de tous côtés.

— Est-ce que vous cherchez des perles? lui demandai-je.

— Non, répondit-il; je compare cette espèce, ou plutôt cette variété à toutes celles que je connais déjà.

— Ah! vraiment? vous êtes amateur?

— Oui, monsieur; comme vous, sans doute?

— Moi? je voyage exclusivement pour les huîtres.

— Bravo! nous pourrons nous entendre. Je me mets absolument à votre service.

— Parfait! Avalons encore quelques-uns de ces mollusques et nous causerons. — Garçon! apportez-nous encore quatre douzaines d'huîtres.

— Voilà, monsieur! dit le garçon en posant sur la table quatre bouteilles de vin de Sauternes.

— Que voulez-vous que nous fassions de tout ce vin? demanda d'un ton bourru le petit homme.

— Une bouteille par douzaine, est-ce trop? dit le garçon en me regardant.

— On verra, répondis-je. Vos huîtres sont diablement salées. N'importe, pourvu qu'il y en ait à discrétion...

Le garçon sortit. Je vidai une bouteille avec le petit vieux, qui me parut ne pas se faire prier, du moment où il comprit que je payais. Le garçon rentra.

— Monsieur, dit-il, il n'y a plus d'huîtres très grasses. Mais monsieur n'a qu'à commander ce qu'il en veut pour demain.

— Allez au diable! j'ai cru tomber ici sur une mine inépuisable...

— Il y en a, monsieur, il y en a en quantité, mais il faut les pêcher.

— Eh bien, j'irai les pêcher moi-même. Apportez le déjeuner.

Le déjeuner fut bon et nous y fîmes honneur. Les soles étaient excellentes, le vin était sans reproche. Mais le dépit de n'avoir point d'huîtres m'empêcha de savourer ce qu'on m'offrait. Je bus et mangeai sans discernement, causant toujours avec mon petit vieux, qui semblait compatir à ma peine et prendre intérêt à mon exploration manquée.

Si bien qu'à la fin du repas je ne saisissais plus très clairement le sens de ses paroles ni la vue des objets environnants. Le gnome, car il avait réellement l'aspect d'un gnome, me paraissait un peu ému aussi, car il passa son bras sous le mien avec une familiarité touchante en m'appelant son cher ami, et en jurant qu'il allait me révéler tous les secrets de la nature concernant les huîtres.

Je le suivis sans savoir où j'allais. La vivacité de l'air achevait de m'éblouir, et je me trouvai avec lui dans une sorte de grotte, de cave ou de chambre sombre, où étaient entassés des monceaux de coquillages.

— Voici ma collection, me dit-il d'un air triomphant : je ne la montre pas au premier venu ; mais, puisque vous êtes un véritable amateur... tenez, voici la première des huîtres ! *ostrea matercula* de l'étage permien.

— Voyons ! m'écriai-je en saisissant l'huître et en la portant à mes lèvres.

— Vous voulez la manger ? fit le gnome en m'arrêtant : y songez-vous ?

— Pardon ! j'ai cru que vous me l'offriez pour cela.

— Mais, monsieur, c'est un échantillon précieux. On ne le trouve qu'en Russie, dans les calcaires cuivreux.

— Cuivreux ? merci ! Vous avez bien fait de m'arrêter ! Mon déjeuner ne me gêne point et je ne recherche pas les oxydes de cuivre en guise de dessert. Passons. Ces *ostrea*, comme vous les appelez, ne me feront pas faire le voyage de Russie.

— Pourtant, monsieur, dit le gnome en reprenant son huître, elle est bien intéressante, cette représentante des premiers âges de la vie ! Au temps où elle apparut dans les mers, il n'existait ni hommes ni quadrupèdes sur la terre.

— Alors, que faisait-elle dans le monde ?

— Elle essayait d'exister, monsieur, et elle existait ! Allez-vous dire du mal des premières huîtres, sous prétexte que vous n'étiez pas encore né pour les manger ?

Je vis que j'avais fâché le gnome et je le priai de passer à une série plus récente.

— Procédons avec ordre, reprit-il ; voici *ostrea marcignyana*, des arkoses et des grès du Keuper.

— Elle n'a pas bonne mine, elle est toute plissée et doit manquer de chair.

— Les animaux de son temps ne la dédaignaient pas, soyez-en

sûr. Aimez-vous mieux *ostrea arcuata*, autrement la gryphée arquée du lias inférieur ?

— Je la trouve jolie, elle ressemble à une lampe antique, mais quel goût a-t-elle ?

— Je n'en sais rien, répondit le gnome en haussant les épaules. Je n'ai pas vécu de son temps. Il y a deux cent cinq espèces principales d'huîtres fossiles avec leurs variétés et sous-variétés, ce qui forme un joli total. Je puis vous montrer la variété d'*ostrea arcuata*. Tenez ! mangez-la, si le cœur vous en dit !

— Oh ! oh ! à la bonne heure ! Celle-ci est belle, et, dans mes meilleurs jours d'appétit, je pense qu'une douzaine me suffirait.

— Aussi nous l'appelons *gigantea*. En voulez-vous de plus petites ? Voici une prétendue variété que je ne crois pas être autre chose que l'*arcuata* dans son âge tendre. En voulez-vous un plat ? On la trouve à foison dans le sinémurien.

— Merci ! il me faudrait un cure-dent pour les tirer de leur coquille et trente-six heures à table pour m'en rassasier.

— Eh bien, voici l'*ostrea cymbium*, du lias moyen.

— C'est trop gros, ce doit être coriace.

— Aimez-vous mieux *marshii cristagalli*, du bajocien ?

— Elle est jolie ; mais le moyen d'ouvrir toutes ces dentelures en crête de coq ? Vraiment, tout ce que vous me montrez ne vaut pas le diable !

— Monsieur n'est pas content de mes échantillons ? Voici pourtant la *gregaria*, dont la dentelure est merveilleuse, et que vous auriez pu trouver dans les falaises de marne du Calvados. Mais passons quelques espèces, puisque vous êtes pressé. Traversons l'oolithe. N'accorderez-vous pas pourtant un regard à *ostrea virgula*, du kimmeridge clay ?

— Pas de virgule ! m'écriai-je impatienté de ces noms barbares. Passez, passez !

— Eh bien, monsieur, nous voici dans les terrains crétacés. Voici *ostrea couloni*, des grès verts, une belle huître, celle-là, j'espère ! Voici *aquila* (du gault) encore plus grosse ; *flabellata frons, carinata*, avec sa longue carène. Mangeriez-vous bien la douzaine ? J'en passe, et des meilleures ; mais voici la merveille, c'est l'*ostrea pes-leonis* de la craie blanche. Celle-ci ne vous dit-elle rien ?

Il me tendait un mollusque énorme, tout dentelé, tout plissé, et revêtu d'un test d'aspect cristallin qui avait réellement bonne mine.

— Vous ne me ferez pas croire, lui dis-je, que ceci soit une huître !

— Pardon, c'est une véritable huître, monsieur !

— Huître vous-même ! m'écriai-je furieux.

J'avais reçu de sa petite patte maigre le mollusque nacré sans me douter de son poids. Il était tel, que, ne m'attendant à rien, je le laissai tomber sur mon pied, ce qui, ajouté à l'ennui que me causait la nomenclature pédantesque du gnome, me mit, je l'avoue, dans une véritable colère ; et, comme il riait méchamment, sans paraître offensé le moins du monde d'être traité d'huître, je voulus lui jeter quelque chose à la tête. Je ne suis pas cruel, même dans la colère, je l'aurais tué avec l'huître *pied de lion ;* je me contentai de lui lancer dans la figure une poignée de menue mitraille que je trouvai sous ma main et qui ne lui fit pas grand mal.

Mais alors il entra en fureur, et, reculant d'un pas, il saisit un gros marteau d'acier qu'il brandit d'une main convulsive.

— Vous n'êtes pas une huître, vous ! s'écria-t-il d'une voix glapissante comme la vague qui se brise sur les galets. Non ! vous n'êtes pas à la hauteur de ce doux mollusque, *ostrea œdulis* des temps modernes, qui ne fait de mal à personne et dont vous n'appréciez le mérite que lorsqu'il est victime de votre voracité. Vous êtes un Welche, un barbare ! vous touchez sans respect à mes fossiles, vous brisez indignement mes charmantes petites *columbœ* de la craie blanche, que j'ai recueillies avec tant de soin et d'amour ! Quoi ! je vous invite à voir la plus belle collection qui existe dans le pays, une collection à laquelle ont contribué tous les savants de l'Europe, et, non content de vouloir tout avaler comme un goinfre ignorant, vous détériorez mes précieux spécimens ! Je vais vous traiter comme vous le méritez et vous faire sentir ce que pèse le marteau d'un géologue !

Le danger que je courais dissipa à l'instant même les fumées du vin blanc, et, voyant que j'étais entouré de fossiles et non de comestibles, je saisis à temps le bras du gnome et lui arrachai son arme ; mais il s'élança sur moi et s'y attacha comme un poulpe. Cette étreinte d'un affreux bossu me causa une telle répugnance, que je me sentis pris de nausées et le menaçai de tout briser dans son musée d'huîtres s'il ne me lâchait.

Je ne sais trop alors ce qui se passa. Le gnome était d'une force surhumaine ; je me trouvai étendu par terre, et, alors, ne me connaissant plus, je ramassai la redoutable *ostrea pes-leonis* pour la lui lancer.

Il prit la fuite et fit bien. Je me relevai et me hâtai de sortir de l'espèce d'antre qu'il appelait son musée, et je me trouvai sur le bord de la mer, face à face avec le garçon de l'hôtel où j'avais déjeuné.

— Si monsieur désire des huîtres, me dit-il, nous en aurons à dîner. On m'en a promis douze douzaines.

— Au diable les huîtres! m'écriai-je. Qu'on ne m'en parle plus jamais! Oui, que le diable les emporte toutes, depuis la *matercula* des terres cuivreuses jusqu'à l'*œdulis* des temps modernes!

Le garçon me regarda d'un air stupéfait. Puis, d'un ton de sérénité philosophique :

— Je vois ce que c'est, dit-il. Le sauternes était un peu fort; ce soir, on servira du chablis à monsieur.

Et, comme j'allais me fâcher, il ajouta gracieusement :

— Monsieur a été sobre, mais il a déjeuné en compagnie d'un fou, et c'est cela qui a porté à la tête de monsieur.

— En compagnie d'un fou? Oui, certes, répondis-je; comment appelez-vous ce gnome?

— Monsieur l'appelle par son vrai nom, car c'est ainsi qu'on le désigne dans le pays. Le gnome, c'est-à-dire le poulpiquet des huîtres. Ce n'est pas un méchant homme, mais c'est un maniaque qui, en fait d'huîtres, ne se soucie que de l'écaille. On le tient pour sorcier : moi, je le crois bête! Monsieur a eu à se plaindre de ses manières?

Je ne voulus pas raconter à ce garçon d'hôtel ma ridicule aventure, et je m'éloignai, résolu à faire une bonne promenade sur le rivage, afin de regagner l'appétit nécessaire pour le dîner.

Mais je n'allai pas loin. Un invincible besoin de dormir s'empara de moi, et je dus m'étendre sur le sable en un coin abrité. Quand j'ouvris les yeux, la nuit était venue et la mer montait. Il n'était que temps d'aller dîner et je marchai avec peine sur les mille débris que rapporte sur la grève la marée qui lèche les rivages, vieux souliers, vieux chapeaux, varechs gluants, débris d'embarcation couverts d'anatifes gâtés et infects, chapelets de petites moules, cadavres de méduses sur lesquels le pied glisse à chaque pas. Je me hâtais, saisi d'un dégoût que la mer ne m'avait jamais inspiré, lorsque je vis errer autour de moi dans l'ombre une forme vague qui, d'après son exiguïté, ne pouvait être que celle du gnome. J'avais l'esprit frappé. Je ramassai un pieu apporté par les eaux, et me mis à sa poursuite. Je le vis ramper dans la vase et chercher à me saisir les jambes. Un coup vigoureusement appliqué sur l'échine lui fit jeter un cri étrange, et il devint si petit, si petit, que je le vis entrer dans une énorme coquille qui bâillait à mes pieds. Je voulus m'en emparer : horreur ! mes mains ne saisirent qu'une peau velue, tandis qu'une langue froide se promenait sur mon visage. J'allais lancer le monstre à la mer, lorsque je reconnus mon bon chien Tom, que j'avais enfermé dans ma chambre, à l'hôtel, et qui avait réussi à s'échapper pour venir à ma rencontre.

Je rentrai alors tout à fait en moi-même et je m'en allai dîner à l'hôtel, où l'on me servit d'excellentes huîtres à discrétion. J'avoue que je les mangeai sans appétit. J'avais la tête troublée, et m'imaginais voir le gnome s'échapper de chaque coquille et gambader sur la table en se moquant de moi.

Le lendemain, comme je m'apprêtais à déjeuner, je vis tout à coup le gnome en personne s'asseoir à mes côtés.

— Je vous demande pardon, me dit-il, de vous avoir ennuyé beaucoup hier avec mes fossiles. J'avais encore à vous en montrer quelques-uns des terrains crétacés, entre autres l'*ostrea spinosa*, qui est fort curieuse. L'étage de la craie blanche est fort riche en espèces différentes. Après cela, nous serions arrivés aux terrains tertiaires, où nous aurions trouvé la *bellovacina* et la *longirostris*, qui se rapprochent beaucoup des huîtres contemporaines l'*œdulis* et la perlière.

— Est-ce fini ? m'écriai-je, et puis-je espérer qu'aujourd'hui, du moins, vous me laisserez manger en paix l'*œdulis cancalis*, sans m'assassiner avec vos fossiles indigestes ?

— Vous avez tort, reprit-il, de mépriser l'étude géologique de l'huître. Elle caractérise admirablement les étages géologiques ; elle est, comme l'a dit un savant, la médaille commémorative des âges qui n'ont point d'histoire : elle marque, par ses transformations successives, le lent et continuel changement des milieux auxquels sa forme a su se plier. Les unes sont taillées pour la flottaison comme *arcuata* et *carinata*. D'autres ont vécu attachées aux roches, comme *gregaria* et *deltoïdea*. En général, l'huître, par sa tendance à l'agglomération, peut servir de modèle aux sociétés humaines.

— Exemple trop suivi, monsieur ! repris-je avec humeur. Je vous conseille, en vérité, de prêcher l'union des partis, à l'état de bancs d'huîtres !

— Ne parlons pas politique, monsieur, dit le gnome en souriant. La science ne s'égare pas sur ce terrain-là. C'est l'étage supérieur des terrains modernes, qu'on pourrait appeler le *conservator-bank*.

— Si l'on peut rire avec vous, à la bonne heure! repris-je. Vous me paraissez mieux disposé qu'hier.

— Hier! Aurais-je manqué à la politesse et à l'hospitalité? J'en serais désolé! Vous m'aviez fait boire beaucoup de sauternes et je suis habitué au cidre. Je me rappelle un peu confusément...

— Vous ne vous souvenez pas d'avoir voulu m'assassiner?

— Moi? Dieu m'en garde! Comment un pauvre petit vieux contrefait comme je le suis, eût-il pu songer à se mesurer avec un gaillard de votre apparence?

— Vous vous êtes pourtant jeté sur moi et vous m'avez même terrassé un instant!

— Terrassé, moi! Ne serait-ce pas plutôt...? il était fort, le sauternes! Vous vouliez tout casser chez moi! Mais, puisque nous ne nous souvenons pas bien ni l'un ni l'autre, achevons d'oublier nos discordes en déjeunant ensemble de bonne amitié. Je suis venu ici pour vous prier d'accepter le repas que vous m'avez forcé d'accepter hier.

Je vis alors que le gnome était un aimable homme, car il me fit servir un vrai festin où je m'observai sagement à l'endroit des vins et où il ne fut plus question d'huîtres que pour les déguster. Je repartais à midi, il m'accompagna jusqu'au chemin de fer en me laissant sa carte: il s'appelait tout bonnement M. Gaume.

Contes d'une grand-mère,
éd. de l'Aurore, t. II, 1983, p. 167-175

Introduction 5

Le Berry
L'enfance à Nohant 15
Grandeur et misère du Berry 20
État des routes et des transports 23
Le caractère du Berrichon 27

Des mets simples et exquis
Omelette aux écrevisses 31
Repas à Gargilesse 32
Éloge du lait de chèvre 34
Pique-nique dans la Creuse 35
Des truites et du lait au moulin 41
Fromentée et gâteau de poires 43
Le dîner à la ferme 46
L'eau-de-vie miracle 52
Le souper de dame Janille 54
Les confitures de dame Janille 62
Repas dans les bois chez les maîtres sonneurs 65

Châteaux, fermes et auberges
Ripailles féodales 71
Mets aristocratiques 73
Le repas d'un vieux gentilhomme 75
La fête de la Fédération au village 80
Retour à la vie sauvage sous la Terreur 83
L'auberge du *Bœuf couronné* 86
Les auberges d'autrefois 88

Rituels alimentaires
Le repas des prétendants 93
Rite du mariage : le chou 96
Repas de noces chez les ouvriers 104
Chez les compagnons 106

Repas mystérieux et fantastiques
Le repas révélateur 113
Un convive mystérieux 116
Le gnome des huîtres 118

Achevé d'imprimer en Europe
à Pössneck (Thuringe, Allemagne)
en avril 1999 pour le compte de EJL
84, rue de Grenelle 75007 Paris
Dépôt légal avril 1999

Diffusion France et étranger : Flammarion